大学生创新创业教育体系的构建策略研究

杨春晖　邵玲智◎著

中国原子能出版社

图书在版编目（CIP）数据

大学生创新创业教育体系的构建策略研究 / 杨春晖，
邵玲智著. --北京：中国原子能出版社，2023.12

ISBN 978-7-5221-3252-5

Ⅰ. ①大⋯　Ⅱ. ①杨⋯②邵⋯　Ⅲ. ①大学生–创业–
教育研究　Ⅳ. ①G647.38

中国国家版本馆 CIP 数据核字（2024）第 014096 号

大学生创新创业教育体系的构建策略研究

出版发行	中国原子能出版社（北京市海淀区阜成路 43 号　100048）
责任编辑	杨　青
责任印制	赵　明
印　　刷	北京天恒嘉业印刷有限公司
经　　销	全国新华书店
开　　本	787 mm×1092 mm　1/16
印　　张	16.25
字　　数	275 千字
版　　次	2023 年 12 月第 1 版　2023 年 12 月第 1 次印刷
书　　号	ISBN 978-7-5221-3252-5　　　定　价　76.00 元

前　　言

随着科技的飞速发展和社会需求的不断变化，培养具有创新创业精神的大学生已经成为高校教育的一项重要任务。创新创业教育不仅能够为学生提供更多实践机会，提高其综合素质，还能够促进社会经济的可持续发展。

本书旨在探讨大学生创新创业教育体系的构建策略，以满足当代社会对人才培养的需求。在当前经济环境下，创新已经成为推动国家发展的核心动力，而创业则是将创新付诸实践的重要途径。因此，大学生创新创业教育的重要性不可忽视。

首先，大学生创新创业教育体系的构建需要考虑社会的发展趋势和产业结构的变化。随着科技的不断进步及新兴产业的不断涌现，大学生需要具备适应这些变化的能力。创新创业教育应当贴近实际，注重培养学生的实际动手能力和解决问题的能力，使其能够在不同领域中灵活运用所学知识。

其次，大学生创新创业教育体系的构建需要充分发挥高校的资源优势。高校拥有丰富的知识资源、人才资源和科研资源，应当通过构建创新创业平台、建设实践基地等方式，为学生提供更多的实践机会。同时，高校还应当加强与产业界的合作，将创新创业教育与实际产业需求相结合，使学生能够更好地融入社会。

再次，大学生创新创业教育体系的构建需要注重课程设置和教学方法的创新。传统的课堂教学方式已经不能满足创新创业教育的需求，应当引入更多的实践性课程和项目型教学，让学生在实际操作中学到更多的知识和技能。同时，还应当注重培养学生的团队协作精神和创新思维，使其能够在团队中更好地发挥个人优势。

最后，大学生创新创业教育体系的构建需要注重评价体系的建设。传统的考试评价方式不能全面反映学生的创新能力和实际应用能力，因此应当建

立多元化的评价体系，包括项目评估、实习评价等多种方式，全面评估学生的综合素质。

大学生创新创业教育体系的构建是一个系统工程，需要各方面的共同努力。只有通过不断的实践和改革，才能够更好地满足社会对人才的需求，推动高等教育体系的发展。本书通过深入剖析大学生创新创业教育的现状和问题，提出科学合理的构建策略，为我国高等教育的创新发展贡献一份力量。

目　　录

第一章　创新创业教育

第一节　创新创业教育概述

一、创新创业教育的定义与演变

随着社会经济的不断发展和科技的飞速进步，创新创业已经成为社会进步和经济增长的重要推动力之一。为培养具备创新精神和创业能力的人才，创新创业教育逐渐崭露头角，并在教育体系中占据重要地位。以下将探讨创新创业教育的定义与演变，分析其在不同阶段的发展过程，以及其在塑造学生素质和促进社会创新创业的角色。

（一）创新创业教育的定义

创新创业教育是一种旨在培养学生创新思维和创业能力的教育体系。它涉及从学前教育到高等教育的全过程，目的是激发学生的创造潜能，培养他们在面对未知挑战时能够灵活应对的能力。创新创业教育不仅是传授知识，更强调学生在实践中的体验和反思，培养他们的团队协作、沟通能力，以及解决问题的能力。

随着社会发展的需要，创新创业教育的定义也在不断演变。最初，它主要注重培养学生的创业技能，使他们具备独立创业的能力。然而，随着社会对创新能力的需求不断增加，创新创业教育逐渐强调培养学生的创新思维和创新意识，使他们能够在各个领域中不断创新，推动社会进步。

（二）创新创业教育的演变过程

1. 起步阶段——强调创业技能培养

创新创业教育的起步阶段主要侧重于培养学生的创业技能。这一阶段的

教育主要以商业计划和创业实践为主,旨在帮助学生理解市场机会、制订创业计划并将其付诸实践。这个阶段的创新创业教育主要关注实际操作,培养学生的实际经验和实战能力。

2. 转型阶段——注重创新思维培养

随着社会对创新能力的需求不断增加,创新创业教育逐渐转向注重对创新思维的培养。在这个阶段,教育不仅关注创业实践,还强调培养学生的创新意识、创新思维和创新方法。学生在这一阶段不仅要学会如何创业,还需要学会如何在各种情境下进行创新。

3. 深化阶段——培养全面的创新创业人才

随着创新创业教育的不断发展,它逐渐从对创业技能和创新思维的培养转变为培养全面的创新创业人才的深化阶段。这个阶段的创新创业教育强调培养学生的跨学科能力、团队协作能力和国际视野,使他们能够在复杂多变的社会环境中脱颖而出。

(三)创新创业教育的角色与意义

1. 培养学生素质

创新创业教育通过注重实践和实践中的反思,培养学生的动手能力和创新思维,帮助他们更好地适应未来社会的需求。学生在创新创业教育中获得的团队协作、沟通与解决问题的能力,将在其职业生涯中发挥重要作用。

2. 促进社会创新创业

创新创业教育的目的不仅在于培养个体的创新创业能力,更在于推动整个社会的创新创业。通过培养大量具备创新思维和创业能力的人才,为社会提供了源源不断的创新动力,促进了产业升级和社会进步。

3. 适应未来经济发展需求

随着科技的不断发展和全球经济格局的变化,未来社会对创新创业人才的需求将更加迫切。创新创业教育通过培养学生的创新能力,使其更好地适应未来社会的经济发展需求,为社会培养了更多的创新型人才。

总的来说,创新创业教育的定义与演变是一个与社会经济发展和科技进步相互关联的过程。随着时代的变迁,创新创业教育逐渐从单一的创业技能培养转向更全面的创新创业人才培养,注重对学生的创新思维、团队协作能

力和国际竞争力的培养。创新创业教育的发展与社会需求紧密相连,不仅为个体提供了更广阔的职业发展空间,也为社会经济的可持续发展提供了源源不断的创新动力。

（四）创新创业教育的挑战与应对

尽管创新创业教育在发展过程中取得了显著成果,但仍然面临着一系列挑战。了解并应对这些挑战对于进一步推动创新创业教育的发展至关重要。

1. 课程体系的不足

一些创新创业教育项目在课程体系上存在不足,无法全面覆盖学生所需的创新创业知识和技能。为了更好地应对这一挑战,教育机构应不断优化创新创业课程,确保涵盖领域广泛、层次丰富的内容,使学生能够全面发展。

2. 师资队伍建设

有效的创新创业教育需要具备丰富实践经验和行业洞察力的教育者。当前,一些教育机构的师资队伍在这方面仍存在短板。解决这一问题的途径包括加强教师培训、引入企业导师、促进学术界与产业界的合作,以提高师资队伍的实战水平。

3. 评价体系的建立

由于创新创业教育注重实践性,传统的考核评价体系往往无法全面反映学生的综合能力。建立科学、合理的评价体系,包括项目评估、实际操作、团队合作等多维度的考核方式,是提高创新创业教育效果的重要手段。

4. 与产业对接的不足

一些创新创业教育项目与实际产业对接不足,导致实际创业过程与课堂教学脱节。建立更紧密的产业合作关系,通过实习、实训、项目合作等方式将学生与实际产业结合起来,有助于提高学生的实际应用能力。

5. 文化认知的差异

不同地区、不同文化背景的学生对创新创业的理解和认知存在差异。为了更好地满足多元化的需求,创新创业教育需要在内容和形式上更具包容性,考虑到不同文化背景下学生的差异性需求。

在应对这些挑战的过程中,教育机构、政府和产业界都需要共同努力,建立更为完善的创新创业教育生态系统,促使创新创业教育更好地为学生和社会服务。

创新创业教育作为适应时代发展需求的教育形式，不断演变和发展。从最初的创业技能培养到如今的全面创新创业人才培养，创新创业教育在培养学生的实际能力、创新思维和团队协作等方面发挥着重要作用。然而，面临的挑战也不可忽视，需要各方共同努力，共建创新创业教育的美好未来。创新创业教育不仅关乎个体的成长，更关乎整个社会的可持续发展，成为推动社会经济发展和科技创新的不可或缺的力量。

二、创新创业教育在国家发展战略中的地位

随着全球经济竞争的日益严峻和科技的迅猛发展，创新创业已成为推动国家经济增长和社会进步的重要引擎。为培养更多具有创新精神和创业能力的人才，各国纷纷将创新创业教育纳入国家发展战略的重要组成部分。以下将深入探讨创新创业教育在国家发展战略中的地位，分析其在促进经济、社会发展和科技创新方面的作用，以及国家政策在推动创新创业教育方面的举措。

（一）创新创业教育与国家发展战略的关系

1. 创新创业教育促进经济增长

创新创业教育是推动经济增长的关键因素之一。通过培养创新创业人才，国家能够催生更多的创新企业和新兴产业，提高整体产业水平，推动经济不断向高端、高附加值方向发展。创新创业教育的目标之一就是激发学生的创新意识和创业精神，使其能够在未来的职业生涯中成为创新的推动者和经济的创造者。

2. 促进社会创新和可持续发展

创新创业教育不仅关注经济层面，还关注社会和可持续发展。通过培养具有社会责任感和可持续发展意识的创新创业人才，能够推动社会创新，解决各种社会问题，促进社会的健康稳定发展。这种社会创新能力的培养有助于构建更加和谐、可持续的社会。

3. 应对科技变革挑战

面对科技的迅速发展和全球竞争的加剧，国家需要具备创新创业能力的人才来引领科技创新和产业变革。创新创业教育不仅关注理论知识的传授，

更注重学生的实际操作和解决问题的能力培养，使他们能够更好地应对科技变革带来的挑战，为国家在全球科技竞争中立于不败之地提供有力支持。

4. 推动人才培养模式创新

传统的教育模式难以适应创新创业人才培养的需求。创新创业教育推动了人才培养模式的创新，强调实践和实际操作，注重团队协作和跨学科融合，培养更具综合素养和创新能力的人才。这种人才培养模式创新有助于提高毕业生的综合素质，使其更好地适应未来社会的发展需求。

（二）国家政策与创新创业教育的联系

1. 制定创新创业政策框架

许多国家通过制定创新创业政策框架，明确创新创业教育在国家发展战略中的地位。这些政策框架通常包括对创新创业教育的目标、重点领域、政策支持措施等方面的规划，为创新创业教育的全面推进提供了政策支持。

2. 设立专门机构负责创新创业教育

一些国家设立了专门的机构，负责统筹规划和推动创新创业教育的发展。这些机构通常负责制定创新创业教育的政策方向，组织实施相关项目和活动，促进学校、企业和政府等多方合作，推动创新创业教育的全面发展。

3. 建立产学研结合的创新创业基地

为了加强创新创业教育与实际产业的对接，一些国家建立了产学研结合的创新创业基地。这些基地旨在提供实践机会、行业资源和创新平台，帮助学生更好地将理论知识应用到实际创业实践中，加速创新成果的孵化和转化。

4. 鼓励企业参与创新创业教育

为了促进产学研合作，一些国家通过税收优惠、科技创新基金等方式鼓励企业参与创新创业教育。企业参与不仅可以为学生提供实际操作和实践的机会，还有助于将创新创业教育与市场需求更紧密地结合，提高教育的实用性和就业效果。

5. 推动创新创业教育国际化

部分国家将创新创业教育纳入国际化战略，鼓励学生参与国际创新创业项目，进行国际交流和合作。这有助于拓宽学生的国际视野，提高他们在跨文化背景下的创新和合作能力，更好地适应全球化的经济和科技环境。

6. 建立创新创业教育评估体系

为了确保创新创业教育的质量和效果，一些国家建立了创新创业教育的评估体系。通过评估学生的创新创业成果、学科知识水平和实际应用能力，国家可以及时调整和改进教育体系，提高创新创业教育的实效性。

7. 加强师资队伍建设

国家通过加强师资队伍建设，提高创新创业教育的教学水平。这包括加强教师的创新创业理念培训，鼓励教师参与实际创新创业项目积累实践经验，提升他们在创新创业教育中的指导和引领能力。

8. 整合资源支持创新创业教育

一些国家通过整合各类资源，包括资金、实验室、创业基地等，为创新创业教育提供更全面的支持。这有助于创新创业教育项目的规模化和可持续发展，为更多学生提供了创新创业教育的机会。

（三）创新创业教育在不同国家的实践

1. 美国的创新创业教育实践

在美国，创新创业教育已经深入学校教育体系。大学和高中纷纷开设创新创业课程，提供孵化器、加速器等创新创业平台。此外，美国还通过创新创业竞赛、企业合作等形式，促进学生的实际创业经验积累。

2. 中国的创新创业教育实践

中国近年来也加大了对创新创业教育的支持力度。政府出台政策支持，推动创新创业教育融入高等教育体系。各级学校陆续建立了创新创业教育中心，开展创新创业课程和实践活动。创新创业大赛、创业导师计划等项目也在全国范围内展开，激发了学生的创新创业热情。

3. 欧洲的创新创业教育实践

欧洲国家注重培养学生的跨文化和跨学科创新创业能力。一些国家将创新创业教育融入教育体系，并通过跨国合作、交流项目等方式促进对学生国际化创新创业能力的培养。欧洲还倡导社会创新，将社会责任和可持续发展理念融入创新创业教育。

4. 日本的创新创业教育实践

日本通过推动大学创新创业教育、加强产业与学界的合作，致力于培养

具有创新精神和实际创业能力的人才。政府提供创业资金、创新基地等支持，鼓励学生参与创业实践。与企业合作的实习项目也成为创新创业教育的一部分。

（四）创新创业教育的未来趋势

1. 强化实践导向，注重跨学科融合

未来，创新创业教育将更加强调实践导向，注重学生在实际项目中的参与和实践经验的积累。同时，将跨学科融合纳入创新创业教育的核心，培养学生具备多领域合作的能力。

2. 数字化技术融入创新创业教育

随着数字化技术的发展，未来的创新创业教育将更加注重数字化技术的融入。虚拟现实、人工智能等技术将为创新创业教育提供更多实验和模拟的机会，拓宽学生的创新思维。

3. 强化国际化视野

未来的创新创业越来越注重培养人才的国际化视野，因此创新创业教育将更加强调国际交流与合作。学生将有更多机会参与国际性的创新创业项目、国际化的创业实践，从而培养具备全球竞争力的创新创业人才。

4. 拓展创新创业教育的受众群体

未来的创新创业教育将更加注重覆盖更广泛的受众群体。除了大学生，中小学阶段的学生也将成为创新创业教育的重要受众。通过早期培养创新创业意识，有助于在学生成长过程中树立积极的创业态度。

5. 深化产学研合作，促进科技成果转化

未来的创新创业教育将更加强调产学研合作，将科技创新与实际产业深度结合。鼓励学校与企业建立更紧密的合作关系，推动科技成果的转化和商业化，为学生提供更多创业的机会和支持。

6. 注重创新创业教育的社会影响力

未来的创新创业教育将更注重培养具有社会责任感和影响力的创新创业人才。通过在项目中注重社会创新、可持续发展等理念的灌输，使学生在创新创业过程中考虑社会和环境的影响，致力于解决社会问题。

7. 建立全球化的创新创业教育网络

未来，全球范围内的创新创业教育将形成更为紧密的网络。国际教育合作将更加密切，学生将有机会参与跨国的创新创业项目，共享全球创新资源和经验。

8. 持续关注创新创业教育的质量评估

随着创新创业教育的发展，质量评估将成为重要议题。建立科学、系统的评估机制，关注学生的创新创业成果、能力提升情况，以及教育的社会效益，有助于不断提高创新创业教育的水平和效果。

在未来，创新创业教育将更加贴近时代的需求，致力于培养具备创新精神、实际操作能力和社会责任感的创新创业人才。国家发展战略中对创新创业教育的重视将不断提升，为国家的可持续发展、科技创新和社会进步提供强大支持。创新创业教育将成为推动国家走向创新型社会的关键引擎，为社会培养更多具备创新能力的人才，助力国家在全球竞争中获取更大的优势。

第二节　高校开展创新创业教育现状

一、国内外高校创新创业教育发展概况

创新创业教育在高校中的发展逐渐成为全球高等教育体系中的一项重要议题。在全球经济竞争日益激烈、科技创新飞速发展的背景下，高校创新创业教育旨在培养学生的创新精神、实际操作能力和创业意识，使他们更好地适应社会的需求。以下将分析国内外高校创新创业教育的发展概况，包括发展历程、主要特点、成功经验及面临的挑战。

（一）国际高校创新创业教育发展概况

1. 美国

美国一直是创新创业教育的领军者之一，许多美国高校在创新创业教育方面积累了丰富的经验和成功案例，以下是美国高校创新创业教育的主要特点。

① 跨学科融合：美国高校注重跨学科融合，将创新创业教育融入各个专

业领域。例如，斯坦福大学的设计学院及哈佛大学的创业课程就展示了成功的跨学科创新模式。

②孵化器和加速器：许多高校设立了创新创业孵化器和加速器，提供资源支持、导师指导、投资渠道等，帮助学生和校友创业。例如，麻省理工学院的企业论坛为初创企业提供了丰富的资源。

③创新创业竞赛：美国高校广泛开展创新创业竞赛，如哈佛大学的哈佛商业计划竞赛、麻省理工学院的"100 K 挑战"等，激发学生的创业热情，推动创新项目的孵化和发展。

2. 欧洲

欧洲各国高校也积极推动创新创业教育，促进学生的创新能力培养和实际操作经验积累，以下是欧洲高校创新创业教育的一些特点。

①强调社会创新：欧洲高校注重培养学生的社会责任感，强调社会创新。例如，英国的剑桥大学通过社会创业项目，鼓励学生运用创新的方式解决社会问题。

②国际化教育：欧洲高校倡导国际化创新创业教育，鼓励学生参与国际性的创新项目和交流活动。法国的 HEC 巴黎商学院与斯坦福大学合作推出了全球创业计划，促使学生在全球范围内开展创新创业实践。

③政府支持：欧洲一些国家通过政府支持创新创业教育，提供创业基金、税收优惠等政策，鼓励高校和学生参与创新创业。德国的创业大学项目即是一个政府推动的创新创业教育倡议。

（二）国内高校创新创业教育发展概况

1. 发展历程

中国的高校创新创业教育发展经历了多个阶段。在改革开放初期，高校创新创业教育主要侧重于技术创新和科研成果转化。随着国家创新驱动发展战略的提出，高校逐渐加强了对创新创业教育的投入和支持。近年来，中国高校创新创业教育步入了全面发展的新阶段，逐渐形成了一系列特色鲜明的创新创业教育模式。

2. 主要特点

创新创业教育中心的设立：许多高校建立了创新创业教育中心，作为推

动创新创业教育的主要平台。这些中心通常负责组织创新创业课程、创业讲座、创新竞赛等活动，同时提供创业孵化、导师指导等服务。

创新创业竞赛的广泛开展：中国高校积极推动开展各类创新创业竞赛，涵盖了不同层次和领域。例如，中国大学生创业计划竞赛、挑战杯全国大学生创业大赛等成为激发学生创业兴趣和实践的平台。

产业与高校合作：一些高校与产业界开展深度合作，建立实习基地、联合实验室、科技园区等，为学生提供更多实际创业机会。这种合作不仅有助于创新创业教育的实际效果，还促进了产学研结合。

社会创新和科技创新的结合：中国高校注重培养学生的社会创新能力，使创新创业教育更贴近社会需求。一些高校通过社会实践、社会企业等项目，鼓励学生结合科技创新解决实际社会问题。

3. 成功经验

全校范围的创新创业教育：一些高校通过将创新创业教育融入全校范围，跨学科、跨专业地推动创新创业教育。例如，清华大学建设了清华 x-lab（清华 x-空间），为全校学生提供了一个创新创业的开放平台。

学科交叉融合：一些高校通过学科交叉融合，创设跨专业的创新创业课程，培养具备多领域知识的创新人才。例如，上海交通大学创办了创新创业交叉专业，吸引了来自不同学科背景的学生参与。

强化实践环节：越来越多的高校逐渐认识到创新创业教育的核心在于实践。通过组织实际项目、企业实习、创业导师制度等方式，增加学生的实际创业经验。

4. 面临的挑战

师资队伍不足：一些高校创新创业教育师资队伍相对薄弱，缺乏具有实际创业经验的导师。加强师资队伍建设，吸引业界专业人士参与教学，成为发展的重要方向。

评价体系不健全：目前的评价体系主要以学科知识为导向，对创新创业能力的评价相对滞后。建立更科学、全面的评价体系，包括项目评估、实践能力等多维度考核，是一个亟待解决的问题。

企业与高校合作难度较大：一些高校在与企业合作方面仍面临一定的困

难，包括合作模式不清晰、资源整合难度大等问题。促进企业与高校更紧密的合作，将成为创新创业教育发展的关键。

学科壁垒和创新能力不均衡：部分高校在推动学科交叉和跨专业创新创业教育时面临学科壁垒和创新能力不均衡的问题。需要加强学科交叉的机制建设，促使各学科更好地融合和互补。

国内外高校创新创业教育的发展取得了显著的成就，不同国家和地区在推动学生创新创业能力培养方面各具特色。通过总结成功经验、面对挑战并提出发展方向，为未来高校创新创业教育的不断优化提供有益的借鉴。随着社会的不断变革和科技的飞速发展，高校创新创业教育将继续在培养创新人才、推动科技创新和社会进步等方面发挥重要作用。

二、高校创新创业教育的主要模式和实践

随着全球经济的不断变革和科技的飞速发展，高校创新创业教育成为培养具有创新能力和实际操作能力的人才的重要途径。高校在创新创业教育方面采用了多种模式和实践，旨在激发学生的创新创业意识，培养其创业领导力，促进科技创新和社会进步。以下将深入探讨高校创新创业教育的主要模式和实践，包括创业导师制度、创新创业课程体系、创新创业竞赛、孵化器和加速器等方面。

（一）创业导师制度

1. 制度概述

创业导师制度是高校创新创业教育中的一项重要制度，旨在为学生提供个性化的创业指导和支持。通过与经验丰富的创业导师的互动，学生可以获取实际创业经验、行业洞察能力和专业指导，帮助他们更好地理解市场、制订创业计划、解决实际问题。

2. 实践经验

导师选拔与培训：高校通过选拔有丰富创业经验的导师，包括企业家、投资人等，建立创业导师队伍。导师通常需要接受相关培训，了解高校创业教育的特点和学生的需求，提高其指导学生创业的能力。

个性化辅导：创业导师制度注重个性化辅导，在导师与学生之间建立密

切的互动关系。通过一对一的指导，导师可以更好地了解学生的兴趣、技能和创业项目，提供量身定制的建议和支持。

行业对接：创业导师通常具有丰富的行业资源和人脉，可以帮助学生与行业内的专业人士、投资人、企业家等建立联系。这种行业对接有助于学生更好地了解市场动态，寻找合作伙伴，获得投资支持。

案例分享：创业导师可以通过分享自己的创业经历和成功案例，激发学生的创业热情，同时提供实际操作中的经验教训，帮助学生避免一些常见的创业陷阱。

（二）创新创业课程体系

1. 课程设计

创新创业课程体系是高校创新创业教育的核心组成部分，通过系统的课程设计，为学生提供跨学科的知识培训和实际操作的机会。这种体系通常包括创业管理、市场营销、商业计划撰写、团队协作等内容，旨在培养学生的创新思维和创业技能。

2. 实践经验

核心课程设置：高校创新创业课程体系通常包括创新管理、创业融资、创业法律、市场营销等核心课程。这些课程覆盖了创业的各个方面，使学生能够全面了解创业过程中的各个环节。

实践性课程：体系中通常包含大量实践性课程，如创业实训、项目实践等。通过参与实际项目，学生能够将理论知识应用到实际操作中，培养解决实际问题的能力。

导师辅导：一些课程体系设计中考虑到导师辅导的重要性，将创业导师与课程结合起来。学生在学习课程的同时可以得到导师的指导，形成理论与实践相结合的教学模式。

跨学科合作：为了培养具备多领域知识的创新人才，一些高校开设了跨学科合作的创新创业课程。不同专业的学生通过这种模式组成多学科团队，促进了跨学科合作与交流。例如，工程专业的学生可能与商学院的学生共同参与一个创业项目，从而在团队协作中汲取各自的专业优势，形成更全面的创新团队。

创新方法论：课程体系中通常包括创新方法论的教学，引导学生掌握创新思维和解决问题的方法。这些方法论可以包括设计思维、敏捷开发、用户体验设计等，帮助学生更灵活地应对复杂的创业环境。

（三）创新创业竞赛

1. 竞赛形式

创新创业竞赛是高校创新创业教育的一种重要实践模式，通过竞赛的形式激发学生的创新创业热情，提高实际操作能力。这些竞赛形式多种多样，包括商业计划竞赛、创业项目竞赛、创新创业创意大赛等。

2. 实践经验

商业计划竞赛：商业计划竞赛是最为常见的一种创新创业竞赛形式。学生需要通过提交详细的商业计划，包括市场分析、财务预测、团队构建等方面，展示其创业项目的可行性。这种竞赛模式激发了学生对创业项目进行全面思考的能力。

创业项目竞赛：创业项目竞赛更侧重于实际的创业操作。参赛者需要通过实际运营一个创业项目，展示其团队协作、执行能力和创新实践经验。这种竞赛模式更加注重项目的实际执行过程。

创新创业创意大赛：这种竞赛形式注重学生创新创意的发挥。学生可以提交各种创意作品，包括产品设计、科技发明、艺术作品等，从而锻炼其创新能力和独特的思维方式。

国际性竞赛：为了拓宽学生的国际视野，一些高校还鼓励学生参与国际性的创新创业竞赛。这不仅为学生提供了与世界各国优秀团队竞争的机会，同时也促进了国际间的创新创业经验交流。

3. 竞赛带来的影响

激发创业激情：参与创新创业竞赛可以激发学生的创业激情，让他们更加深入地了解创业的过程，并通过实践提高实际操作能力。

提高实际操作能力：竞赛通常注重实际操作，学生需要将理论知识应用到实际项目中。这有助于培养学生的实际操作能力，使其更好地适应创业环境。

建立创新团队：参与团队竞赛可以培养学生的团队协作能力，学会与他人合作，形成高效的创新团队。这对于日后的创业合作具有积极的影响。

（四）创业孵化器和加速器

1. 孵化器和加速器的定义

创业孵化器和加速器是为初创企业提供支持的机构，它们通过提供办公空间、导师辅导、投资渠道等资源，帮助初创企业更快地成长。在高校创新创业教育中，设立创业孵化器和加速器有助于将学生的创意项目转化为实际的商业实体。

2. 实践经验

提供资源支持：创业孵化器和加速器为初创企业提供了办公场地、专业设备、导师咨询等资源支持。这为创业团队提供了一个良好的创业环境，帮助他们更好地发展业务。

导师辅导：孵化器和加速器通常拥有丰富的创业导师资源，提供导师辅导服务。初创企业可以通过与导师进行交流，获取商业经验、行业洞察等方面的指导。

投融资渠道：孵化器和加速器往往与投资机构、天使投资人等建立紧密的联系，为初创企业提供投融资渠道。这有助于创业团队获得必要的资金支持，推动项目的进一步发展。

创业社区：创业孵化器和加速器结合能够形成一个创业社区，囊括了各类初创企业。这种社区环境有助于创业团队之间的交流合作，形成创新的生态系统。学生在这样的社区中能够与其他团队共享经验，互相启发，形成更为有活力的创业氛围。

创业活动和培训：孵化器和加速器通常会组织各类创业活动和培训，包括创业沙龙、行业研讨会、创业讲座等。这些活动为创业者提供了与行业专业人士、成功企业家面对面交流的机会，加深了他们对创业领域的了解。

项目推广和市场拓展：孵化器和加速器能够帮助初创企业进行项目推广和市场拓展。通过组织展会、路演等活动，创业团队有机会向潜在投资人、合作伙伴和客户展示他们的项目，提升项目的知名度和市场影响力。

（五）产学研合作

1. 合作模式

产学研合作是指高校、产业界和科研机构之间建立紧密联系，共同推动

科技创新和人才培养。在创新创业教育中，产学研合作为学生提供了更为真实的创业环境和更丰富的资源支持。

2. **实践经验**

实习和项目合作：高校与企业可以建立实习基地，为学生提供实际创业实习的机会。通过实际项目合作，学生能够将理论知识应用到实际中，了解企业运作的全过程。

共建实验室和研究中心：高校与企业可以共建实验室和研究中心，促进产学研深度合作。这种合作模式有助于将学术研究成果转化为实际应用，推动科技创新。

企业导师和专业人士参与：高校可以邀请企业导师和专业人士参与创新创业教育，为学生提供更为实际的创业指导。企业导师通常具有丰富的行业经验，能够为学生提供实战经验和市场洞察指导。

科研项目联合申报：高校与企业可以联合申报科研项目，共同开展前沿科研工作。这种形式既有助于提升高校的科研水平，同时也为学生提供了参与创新项目的机会。

技术转移和产业化合作：高校与企业可以进行技术转移和产业化合作，将高校的研究成果转化为实际应用。这种合作模式有助于推动科技创新成果的商业化，并为学生提供创业的实际机会。

（六）面临的挑战

虽然高校创新创业教育在上述方面取得了一系列的成功经验，但也面临着一些挑战，具体如下。

1. **师资队伍建设**

一些高校创新创业教育师资队伍相对薄弱，缺乏具有实际创业经验的导师。高校需要加强师资队伍建设，吸引业界专业人士参与教学，提升教学水平。

2. **评价体系不健全**

目前的评价体系主要以学科知识为导向，对创新创业能力的评价相对滞后。建立更科学、全面的评价体系，包括项目评估、实践能力等多维度考核，是一个亟待解决的问题。

3. 企业与高校合作难度

一些高校在与企业合作方面仍面临一定的困难，包括合作模式不清晰、资源整合难度大等问题。促进企业与高校更紧密的合作，将是创新创业教育发展的关键。

4. 学科壁垒和创新能力不均衡

部分高校在推动学科交叉和跨专业创新创业教育时面临学科壁垒和创新能力不均衡的问题。需要加强学科交叉的机制建设，促使各学科更好地融合和互补。

5. 课程更新和实际项目融合

一些创新创业课程体系存在滞后问题，不能及时跟进市场和行业的发展。需要加强课程更新，引入更多实际项目，确保教学内容与实际需求紧密结合。

6. 创新创业环境建设

一些高校的创新创业环境相对薄弱，缺乏对创业资源、创新创业平台和创业文化的培养。高校需要更加积极地建设创新创业生态系统，提供更丰富的创业资源和平台，同时营造浓厚的创业文化，激发学生的创业热情。

7. 课程实践与理论结合

一些创新创业课程虽然涵盖了丰富的理论知识，但在实践环节上存在不足。高校需要加强课程实践与理论的结合，通过更多实际项目、企业合作等方式，提高学生的实际操作能力。

8. 创业教育国际化

面对全球化的挑战，高校需要更加注重创新创业教育的国际化。与国际高校、企业建立更紧密的合作关系，吸引国际学生和教师参与创新创业教育，推动全球范围内的创新创业合作。

高校创新创业教育在培养创新人才、推动科技创新和社会进步等方面发挥着重要作用。通过创业导师制度、创新创业课程体系、创新创业竞赛、孵化器和加速器、产学研合作等多种模式和实践，高校致力于为学生提供全面的创业培训和支持。

然而，面临的挑战也是不可忽视的，需要高校在师资队伍建设、评价体

系建设、与企业的合作、学科交叉融合等方面持续努力，不断完善创新创业教育体系，提升培养创新人才的质量。

未来，随着社会的不断变革和科技的不断进步，高校创新创业教育将继续发展，不断探索新的模式和实践，以更好地适应时代的需求，为培养具有创新精神和实际操作能力的优秀人才作出更大的贡献。创新创业教育的成功发展将促进社会经济的繁荣，推动科技创新的不断涌现，为构建创新型国家和社会注入源源不断的活力。

三、创新创业教育在高校课程体系中的重要性

随着全球经济的不断发展和科技的迅速进步，创新和创业能力已经成为现代社会中不可或缺的核心素养。为培养具有创新思维、创业精神的人才，高校纷纷将创新创业教育纳入课程体系，为学生提供更为丰富的知识和技能培养课程。以下将深入探讨创新创业教育在高校课程体系中的地位，探讨其在培养学生创新创业能力方面的作用、挑战和未来发展方向。

（一）创新创业教育的概念和重要性

1. 创新创业教育的概念

创新创业教育是一种旨在培养学生创新思维、创业意识和实际操作能力的教育形式。它强调通过实际项目、创业实践、导师指导等方式，使学生在校园中就能接触并理解真实商业环境，培养学生创造、创新和实践的能力。

2. 创新创业教育的重要性

适应社会需求：创新创业是推动社会进步和经济发展的重要动力。培养具有创新创业能力的人才，有助于更好地适应社会的发展需求，促进产业升级和转型。

提高就业竞争力：具备创新创业能力的人才在就业市场上更具竞争力。创新创业教育能够为学生提供创业经验、项目管理技能等方面的培训，增强其在职场中的优势。

推动科技创新：创新创业教育有助于培养科技创新型人才，推动科技研究成果向市场转化。学生在创新创业的过程中，能够更好地将理论知识应用到实践中，促进科技创新的发展。

（二）创新创业教育在高校课程体系中的地位

1. 创新创业教育的整合

在高校课程体系中，创新创业教育逐渐被整合到各个学科和专业中。它不再仅是某一专业的附加课程，而是融入到学科体系中，与其他学科形成有机的关联。

跨学科整合：创新创业教育往往跨足多个学科领域，与工程、管理、人文等学科形成交叉融合。这有助于培养更具综合素养的创新型人才，使他们能够在多领域中运用创新思维。

专业融合：不同专业的学生在创新创业教育中能够共同参与实际项目，通过团队合作，发挥各自专业优势。这种专业融合有助于形成更为全面的创业团队，提高解决实际问题的能力。

2. 创新创业课程的设立

为了更好地实现创新创业教育的整合，高校在课程体系中设立了专门的创新创业课程。这些课程旨在为学生提供创新思维、商业计划制订、市场分析等方面的系统培训。

核心课程设置：高校通常设置创新创业核心课程，包括创业管理、创新思维、商业模式设计等。这些课程为学生提供了创业所需的理论知识和实践技能。

实践性课程：创新创业课程注重实践性，通过实际项目、实训等方式，让学生在真实的创业环境中学习。这有助于将理论知识与实际操作相结合，提高学生的实际创业能力。

3. 创业导师制度的建立

为了更好地指导学生进行创新创业实践，一些高校建立了创业导师制度。创业导师通常是经验丰富、在创业领域有一定成就的专业人士，他们能够为学生提供创业方面的咨询、指导和支持。

4. 创新创业竞赛的举办

创新创业竞赛是高校创新创业教育的一项重要组成部分。这种竞赛形式不仅能够激发学生的创新激情，还能够提供一个展示和实践的平台。

5. 创业孵化器和加速器的建设

为了将学生的创意项目转化为实际的商业实体，高校建设了创业孵化器

和加速器。这些机构通过提供办公空间、导师辅导、投资渠道等资源，帮助初创企业更快地成长。

（三）创新创业教育的实践和案例

创新创业教育的实践和案例，这些案例通常是与现实商业问题相关的，通过学生的团队合作，提供创新的解决方案。这有助于学生将理论知识应用到实际问题中，培养解决实际挑战的能力。

企业实习与合作项目：创新创业教育也包括学生在企业实习和合作项目中的经验。通过与企业合作，学生可以深入了解实际业务运作，学习企业文化，同时将所学知识应用到实际项目中。这有助于建立学生与企业之间的紧密联系，为毕业后的就业奠定基础。

创新创业导师制度：一些高校建立了创业导师制度，为学生提供有针对性的创业指导。导师通常是在创业领域有丰富经验的专业人士，能够为学生提供实用的创业建议、行业洞察力，以及实践经验。这种导师制度有助于学生更好地理解创业领域，规范创业思维。

（四）未来发展方向

为了更好地推动创新创业教育在高校课程体系中的发展，未来可以从以下几个方向努力。

1. 拓宽课程范围

在创新创业教育中，可以进一步拓宽课程范围，引入更多前沿领域的知识，如人工智能、区块链、生物科技等。这有助于满足不同学科背景的学生的需求，培养更全面的创新人才。

2. 强化实践环节

加强创新创业教育中的实践环节，包括实际项目、企业实习、创业导师制度等。通过更多的实际操作，学生能够更深入地理解创新创业的本质，培养解决实际问题的能力。实践环节可以通过创业实训、模拟企业运营等形式，使学生能够在真实场景中应用所学知识。

3. 加强与企业的合作

高校应该加强与企业的深度合作，建立更为紧密的产学研关系。通过与

企业合作开设实践性项目、提供实习机会、共建实验室等方式，使学生能够更好地融入实际创业环境，增加其就业竞争力。

4. 引入国际元素

为了适应全球化的趋势，高校创新创业教育可以引入更多的国际元素。与国际高校、企业建立合作关系，组织国际创业竞赛、交流项目等，促进学生与国际同行的交流与合作，培养具有国际视野的创新人才。

5. 创新创业文化建设

创新创业文化对于培养创新人才至关重要。高校可以通过举办创业讲座、行业研讨会、创业沙龙等活动，营造浓厚的创新创业氛围。此外，建立创业者交流平台，让成功的创业者分享经验，激发更多学生的创业热情。

6. 强化综合素养培养

创新创业教育不仅仅是传授知识和技能，更要注重学生综合素养的培养。强调创新思维、团队协作、沟通表达等软技能的培养，使学生在创新创业过程中能够更好地适应变化、解决问题。

7. 创新创业教育与社会需求紧密对接

创新创业教育的发展应紧密对接社会需求，不断调整课程内容和形式。通过与产业界、政府等多方面的对接，了解行业发展趋势，及时调整创新创业教育内容，确保培养的创新人才更符合市场需求。

8. 推动科技创新

高校创新创业教育应当与科技创新密切结合，推动科技研究成果向市场转化。建立与科研机构、企业的深度合作，促进学术界和实际产业的有机结合，为学生提供更多参与科技创新的机会。

创新创业教育在高校课程体系中的地位越来越重要，对于培养学生的创新创业能力、提升就业竞争力及推动社会进步都发挥着重要作用。通过整合创新创业课程、建设创业导师制度、组织创新创业竞赛、搭建孵化器和加速器等手段，高校积极推动创新创业教育发展。

然而，面对挑战和变革，高校创新创业教育仍需要不断调整和改进。师资队伍建设、评价体系完善、与企业的深度合作、创新创业文化建设等方面需要持续加强。未来，高校可以在拓宽课程范围、强化实践环节、加强国际合作、推动创新创业文化建设等方面努力，为培养更多具有创新精神和实际

操作能力的优秀人才作出更大的贡献。创新创业教育将成为高校课程体系中的一支重要力量,为社会发展和产业升级提供源源不断的人才支持。

第三节 高校创新创业教育影响因素

一、社会经济环境对创新创业教育的影响

创新创业教育作为培养创新人才、促进社会经济发展的重要手段,在不断变化的社会经济环境中发挥着关键作用。社会经济环境的发展水平、产业结构、创业机会等因素直接影响着创新创业教育的需求和发展方向。以下将深入探讨社会经济环境对创新创业教育的影响,分析其中的机遇与挑战,并探讨高校应如何适应和引领社会经济变革,推动创新创业教育取得更大的成就。

(一)社会经济环境的演变

1. 经济全球化趋势

随着科技的发展和信息通信技术的普及,全球范围内的经济联系日益紧密。跨国公司的崛起、跨境贸易的增加及全球产业链的形成,都使得经济全球化成为不可逆转的趋势。这种趋势为创新创业提供了更广阔的舞台,也为创新创业教育带来了更多的挑战。

2. 科技变革和数字化经济

科技的迅猛发展成为推动社会经济变革的关键力量,人工智能、大数据、物联网等新兴技术的涌现,正在改变产业结构、创造新的商业模式。数字化经济的兴起使得创新创业领域不再局限于传统产业,而是涵盖了更多高科技、高附加值的领域。

3. 创新驱动发展战略

各国纷纷提出创新驱动发展战略,将创新置于国家发展的核心位置。在这一战略框架下,鼓励创新创业成为促进经济增长、提高竞争力的关键举措。社会对于创新创业人才的需求日益增长,也使得创新创业教育在高校中的地位更为重要。

（二）社会经济环境对创新创业教育的影响

1. 机遇

（1）需求增长与多元化

1）产业结构调整带来的需求增长

随着产业结构的调整和升级，新兴产业和高科技产业崛起，对创新创业人才的需求大幅增加。社会对具备创新能力和创业精神的人才的需求呈现多样化趋势，包括科技领域的工程师、数字经济领域的专业人士、创意产业的设计师等。

2）数字化经济推动新商业模式的涌现

数字化经济的发展催生了许多新型商业模式，如共享经济、互联网金融、电子商务等。这些新型业态对创新创业人才提出更高要求，需要他们具备对数字化技术的理解和应用能力，推动创新的商业模式不断涌现。

（2）政策支持和投资增加

1）创新创业政策的倾斜

为促进创新创业，各国纷纷出台一系列支持政策，包括创业孵化基地的建设、创业投资的鼓励、创新创业税收政策的优惠等。这为创新创业教育提供了更好的政策环境和资源支持。

2）投资市场的活跃

创新创业领域的投资市场日益活跃，风险投资、天使投资等形式层出不穷。这为创新创业人才提供了更多的资金来源，也推动了创新创业项目的蓬勃发展。高校通过与投资机构、创业基金等建立合作关系，将学生的创新项目连接到投资市场，有助于更多优秀的创业项目得以落地实施。

2. 挑战

（1）快速变化的就业市场

1）就业市场需求变化快

社会经济环境的快速变化导致了就业市场需求的不断调整。传统行业的相对衰退和新兴行业的崛起，使得创新创业人才需要具备更强的适应性和转型能力，而这也给创新创业教育提出了更高的要求。

2）技术更新对职业技能的挑战

科技的不断更新迭代，导致一些传统职业技能的陈旧，需要不断学习新知识。这使得创新创业人才在职业生涯中需要保持学习的状态，不断更新自己的技能，对创新创业教育提出了更高层次的要求。

（2）创新创业教育内容的更新

1）快速变化的技术和行业

社会经济环境的快速变化带来了技术和行业的快速更新。创新创业教育需要紧跟科技和产业的发展，随时调整教育内容，确保学生获得的知识和技能能够在实际应用中发挥作用。

2）教育体制的僵化

传统的教育体制往往较为僵化，课程设置和更新不够灵活。创新创业教育需要适应创新的要求，打破传统学科的壁垒，引入跨学科的知识，构建更为灵活的课程体系。

（三）高校应对社会经济环境变化的策略

1. 更新课程体系，强化实践能力

针对社会经济环境的快速变化，高校应及时更新创新创业教育的课程体系。引入新兴技术、新商业模式等内容，强调实践操作，培养学生在不同领域中灵活运用知识解决问题的能力。实践环节可以通过与企业的合作、创业实训、实际项目开发等方式实现，确保学生具备实际应用的经验。

2. 加强师资队伍建设，引入实践经验

高校应注重创新创业教育师资队伍的建设，引入具有丰富实践经验的教师和创业导师。这些实践经验丰富的专业人士能够更好地将理论知识与实际应用相结合，为学生提供真实的创业案例和解决问题的方法。通过导师制度，学生能够获得更个性化、有针对性的指导。

3. 促进跨学科融合，培养综合素养

社会经济环境的多元化和复杂性要求创新创业人才具备跨学科的知识和综合素养。高校可以通过促进跨学科融合，打破传统学科的局限，培养学生的综合素养，使其在创新创业过程中能够综合运用不同领域的知识。

4. 强化实际操作，推动产学研深度合作

高校应当注重实际操作环节，通过与企业、科研机构的深度合作，将学生的创新创业项目与实际市场需求对接。建立更多的创业实验室、孵化器，提供更多的创业资源和支持，使学生在实际操作中获得更为丰富的经验。

5. 强调软技能培养，提高综合竞争力

除了技术和专业知识外，创新创业人才还需要具备一定的软技能，如团队协作、沟通表达、创新思维等。高校应注重培养学生的软技能，通过团队项目、创业实践等方式，提高学生的综合素养和竞争力。

6. 建立创业生态系统，促进创新创业文化

高校可以通过建立创业生态系统，包括创业孵化器、创业大赛、导师制度等，形成良好的创新创业文化。通过举办创业沙龙、讲座等活动，搭建创业者之间的交流平台，推动创新创业文化的形成和传播。

7. 加强国际合作，拓宽学生国际视野

面对全球化的社会经济环境，高校应加强国际合作，与国际高校、企业建立更紧密的联系。通过国际性的创新创业竞赛、交流项目等，拓宽学生的国际视野，使其具备更多的创新创业机会。

社会经济环境对创新创业教育产生着深远的影响，既带来了机遇也带来了挑战。高校需要紧密关注社会经济变化，及时调整创新创业教育的内容和形式，以适应不断变化的需求。通过更新课程体系、加强师资队伍建设、促进跨学科融合等策略，高校可以更好地发挥创新创业教育的作用，培养更具有创新创业精神的优秀人才，推动社会经济的可持续发展。

随着社会的不断发展，创新创业教育将持续面临新的挑战和机遇。在未来，高校可以通过以下几个方面的努力，更好地适应社会经济环境的变化。

（1）加强与产业界的深度合作

建立高校与产业界的深度合作是促进创新创业教育的有效途径。高校可以与企业建立产学研合作机制，共同开展创新创业项目、实践实习等活动。这样的合作不仅能够使学生更好地了解实际行业需求，还能为创新创业项目提供更多的资源和支持。

（2）引入先进的创新科技

创新创业教育需要与时俱进，引入先进的创新科技。例如，利用虚拟现

实（VR）和增强现实（AR）技术，搭建虚拟创业环境，让学生能够在模拟的商业场景中进行创业实践。这样的技术手段可以提高学生的实践操作能力，加深对创业过程的理解。

（3）发展在线创新创业教育

借助互联网技术，高校可以开设在线创新创业课程，打破时空限制，让更多的学生参与创新创业教育。在线教育平台可以提供灵活的学习时间和地点，同时吸引来自不同地区、不同背景的学生，促进多元化的创新思维和合作。

（4）建立创新创业实践基地

高校可以建立创新创业实践基地，为学生提供更多的实践机会。这些实践基地可以是创业孵化器、创客空间、实验室等，为学生提供良好的创新创业环境和资源支持。在实践基地中，学生可以参与真实的创业项目，与企业密切合作，将理论知识应用到实际中。

（5）设立创新创业奖学金

为鼓励学生积极参与创新创业活动，高校可以设立创新创业奖学金。通过参与创新创业项目、获得专利、成功创业等方式，学生可以获得奖学金的资助。这不仅能够激发学生的创新激情，还能提高创新创业活动的参与度。

（6）拓展国际交流与合作

在全球化的时代背景下，高校应加强国际交流与合作，引入更多国际化的创新创业资源。举办国际性的创新创业大赛、邀请国际专业人士来校授课、开展联合创新创业项目等方式，可以让学生接触到更丰富的国际创新创业活动，积累国际创新创业经验，培养跨文化合作的能力。

（7）持续关注社会经济发展趋势

高校创新创业教育需要密切关注社会经济发展趋势，不断调整教育内容和方法。定期进行行业调研、产业分析，了解新兴领域和热点行业的发展，及时调整创新创业教育的方向，确保教育与市场需求紧密契合。

通过以上努力，高校可以更好地适应社会经济环境的变化，为学生提供更为丰富、实用的创新创业教育。同时，高校在创新创业教育中的探索和实践也将为社会经济的可持续发展注入源源不断的创新力量。

二、高校内部机制与文化对创新创业教育的影响

高校作为知识传承和创新发展的重要场所，其内部机制和文化对于创新创业教育有着深刻的影响。内部机制包括组织结构、管理体制、教学资源配置等方面，而文化则涵盖了学校的价值观念、传统风气、学术氛围等方面。以下将深入探讨高校内部机制和文化对创新创业教育的双重影响，分析其作用机制、优势与挑战，并提出优化方案，以推动高校创新创业教育的全面发展。

（一）高校内部机制对创新创业教育的影响

1. 组织结构与创新创业教育的融合

高校的组织结构决定了信息流、决策流及资源流的传递路径，直接影响创新创业教育的推进。若创新创业教育能够嵌入学校组织结构中，形成横向和纵向的协同机制，将有助于更好地整合资源、推动创新创业教育的深入开展。例如，设立专门的创新创业教育机构、建立跨学科的创新创业中心，使得创新创业教育有机融入学校整体体系，形成有力的支持。

2. 管理体制与创新创业教育的灵活性

高校管理体制的灵活性直接关系到创新创业教育的响应速度。若学校管理层对创新创业教育抱有开放、包容的态度，能够及时调整政策、提供资源支持，将有利于适应快速变化的社会需求。相反，过于繁琐的管理程序和僵化的管理体制可能成为创新创业教育推进的阻碍。

3. 教学资源配置与创新创业教育的实践性

教学资源的配置方式直接关系到创新创业教育的实践性。如果高校能够充分配置实践性的教学资源，例如，创业实训基地、先进的实验设备、创新创业导师等，将为学生提供更加实际的创新创业体验。反之，如果教学资源过于注重理论性而缺乏实践性，学生在创新创业领域可能难以获得足够的锻炼和启发。

（二）高校文化对创新创业教育的影响

1. 学术氛围与创新创业教育的融合

学术氛围是高校文化的核心，其对创新创业教育有着深远的影响。若学

术氛围注重实践、鼓励创新，将有助于培养学生的实际动手能力和创造力。同时，积极的学术氛围也会促使教师更多地参与到创新创业教育中，提高教育质量。

2. 价值观念与创新创业教育的引导

高校的价值观念对于塑造学生的价值观念具有示范和引导作用。如果学校强调创新、鼓励创业，将有利于培养学生的创新创业精神。相反，若学校价值观念过于保守、重视传统学科，可能会阻碍学生对创新创业的热情。

3. 传统风气与创新创业教育的破局

一些学校可能存在传统风气过于浓厚的问题，对于创新创业教育的破局形成一定的阻力。传统的评价标准、职称制度等可能难以适应创新创业人才培养的需求。因此，打破传统风气，形成更为包容、开放的文化氛围显得尤为重要。

（三）高校内部机制与文化的优势与挑战

1. 优势

（1）资源整合优势

高校作为拥有丰富资源的组织，可以整合各类资源，包括人才资源、实验设备、研究资金等，为创新创业教育提供有力支持。

（2）学科交叉优势

高校内部通常涵盖各个学科领域，有利于开展跨学科的创新创业教育。学科交叉能够为学生提供更宽广的知识视野，培养综合素养，有助于应对复杂多变的创新创业挑战。

（3）创新文化培育

高校作为知识创新的重要场所，拥有培育创新文化的独特优势。通过学术研究、创新项目推动等方式，学校可以引导学生形成积极向上的创新氛围，激发创业潜能。

2. 挑战

（1）体制惯性阻力

高校存在着传统的教育体制和管理机制，这种体制惯性可能形成创新创业教育推行的阻力。改革体制、打破陈旧的管理模式是一项复杂而长期的任务。

（2）评价机制不适应

高校的评价机制通常以学术成果为主，而创新创业教育注重培养学生的实际应用能力。评价机制的不适应可能使得教师在创新创业教育中投入不足，影响教育效果。

（3）学科单一局限

一些学校的学科结构相对单一，过于注重某一领域的发展，可能限制了创新创业教育的多样性和全面性。学科单一可能导致学生对其他领域的创新创业机会缺乏认识。

（四）优化高校内部机制与文化的策略

1. 推动管理体制改革

高校可以推动管理体制的改革，建立更加灵活、开放的管理模式。设立专门的创新创业管理机构，形成横向和纵向的协同机制，提高决策效率，更好地支持创新创业教育的发展。

2. 完善评价机制

调整评价机制，使其更加符合创新创业教育的目标。除了学术成果外，还应考虑教师在创新创业教育中的贡献，包括指导学生创业项目、参与实践项目、获得创业成果等方面。建立全面、多元的评价体系，激励教师更积极地投入创新创业教育。

3. 打破学科壁垒，促进跨学科合作

高校可以打破学科壁垒，促进跨学科合作。建立跨学科的创新创业中心，组建包含不同学科专业背景的团队，通过合作解决实际问题。这有助于培养学生的跨学科思维，提高解决问题的综合能力。

4. 强化创新创业教育的实践性

加大对创新创业教育实践性的投入，完善实践性教学资源的配置。建设创业实训基地、提供创新创业导师、组织实地考察等方式，确保学生在创新创业过程中能够充分获得实践经验。

5. 建设创新创业文化

通过校园文化建设，倡导积极向上的创新创业文化。举办创业讲座、创

新创业比赛、创业沙龙等活动，吸引更多学生参与创新创业，形成浓厚的创业氛围。

6. 强调跨界培养

在课程设置和教学组织上，强调跨界培养。设立跨学科的创新创业专业及课程，鼓励学生从不同学科领域中获得知识，提高他们的综合素养和创新创业能力。

高校内部机制和文化对创新创业教育的影响是多方面、深层次的。合理的组织结构、灵活的管理体制、积极的学术氛围和创新创业文化，都有助于高校更好地推动创新创业教育。然而，也需要正视存在的挑战，如体制惯性、评价机制不适应、学科单一局限等问题。

优化高校内部机制与文化，需要全校上下的共同努力，包括管理层的决策支持、教师的积极参与、学生的主动参与等。通过不断的改革创新，高校能够更好地发挥其在培养创新创业人才方面的独特优势，为社会经济的可持续发展注入更多的创新动力。

三、政策法规对高校创新创业教育的引导

随着全球经济的快速变革和科技的不断进步，创新创业已成为推动社会发展的关键力量。高校作为培养未来创新创业人才的主要阵地，政策法规在引导高校创新创业教育方面发挥着重要作用。以下将深入探讨政策法规对高校创新创业教育的引导作用，分析其制定背景、内容要点，评估实施效果，并提出未来政策制定的建议。

（一）政策法规制定背景

1. 创新创业的国家战略

近年来，创新创业被认为是推动国家经济发展的战略性举措。在全球竞争中，创新创业能力已成为国家竞争力的重要标志。为了适应新时代的经济形势，各国纷纷提出并实施创新创业的国家战略，高校作为创新创业人才的主要培养地，通过政策法规对其进行引导和规范显得尤为重要。

2. 高校创新创业教育的发展需求

随着社会需求的不断升级，传统的教育模式逐渐难以满足人才培养的需

求。创新创业教育被认为是培养具有实际应用能力和创新精神的人才的有效途径。政策法规的制定也是为了引导高校更好地适应时代变革，培养更符合社会需求的人才。

（二）政策法规的内容要点

1. 创新创业教育体系建设

政策法规通常会明确创新创业教育的体系建设，包括课程设置、实践环节、导师制度等。通过建立完善的体系，政策法规旨在确保学生在创新创业教育中能够获得全面的知识和实践经验。

2. 资金支持政策

为了推动高校创新创业教育的深入开展，政策法规通常会提供相应的资金支持政策。这包括创新创业项目的资助、创业实践基地的建设、创新创业竞赛的资金奖励等方面。资金支持是政策法规的一项关键内容，能够有效激发高校创新创业教育的活力。

3. 人才培养目标明确

政策法规通常会明确高校创新创业教育的人才培养目标，强调培养学生的创新思维、实际动手能力和团队协作精神。这有助于高校更好地定位创新创业教育的发展方向，确保人才培养与社会需求相契合。

4. 产学研深度合作机制

为了更好地将创新创业教育与产业结合，政策法规通常会鼓励高校建立产学研深度合作机制。这包括与企业的合作、产业研究项目的开展等，旨在使学生能够更好地融入实际产业环境，提高实际应用能力。

5. 创新创业教育质量评估标准

政策法规通常还会规定创新创业教育的质量评估标准，以确保教育的有效性和质量。这包括学生创新创业项目的实际成果、教育过程的评估、教师的培训和能力要求等方面。质量评估标准有助于提高创新创业教育的水平，保障人才培养质量。

（三）政策法规实施效果评估

1. 创新创业教育体系建设

在政策法规的引导下，各高校普遍加强了创新创业教育体系建设。通过

拓宽课程设置，增设创新创业实践环节，建立导师制度，学生在校期间能够更全面地接触创新创业知识，提高实际应用能力。

2. 资金支持政策

政策法规的资金支持政策为高校创新创业教育提供了重要的保障。通过项目资助、竞赛奖金等形式，吸引了更多学生参与创新创业活动。同时，高校也加大了对创新创业实践基地的投入，提升了学校创新创业教育的实践性和可操作性。

3. 人才培养目标明确

政策法规对高校创新创业教育人才培养目标的明确，使得高校更注重培养学生的创新能力、实际动手能力及团队协作精神。学校调整了课程设置，加入了更多的实践环节，注重培养学生的创新思维，使学生在毕业后更具市场竞争力。

4. 产学研深度合作机制

政策法规对产学研深度合作机制的鼓励促使高校积极与企业合作，推动了校企合作的深入发展。一些高校建立了创新创业基地，与企业合作进行实际项目研发，为学生提供了更丰富的实践机会，也使企业能够更好地吸纳高校毕业生。

5. 创新创业教育质量评估标准

政策法规规定的创新创业教育质量评估标准，促使高校建立了完善的质量评估体系。通过对教育过程和成果的评估，高校更能够及时发现问题，进行调整和改进，提高创新创业教育的质量。

（四）未来政策制定建议

1. 加强产业对接

未来的政策制定可以更加强调高校与产业的对接，建立更多的校企合作机制，支持高校与产业界共同开展研究项目、创新创业活动，促进校企深度融合，为学生提供更多实践机会，同时推动科研成果更好地转化为社会生产力。

2. 引导学科交叉

政策可以更加明确地引导学科交叉，鼓励各学科之间的合作与交流，设

立跨学科的创新创业课程和实验室，培养更具综合素养的人才。通过跨学科的培养，学生能够更好地适应未来复杂多变的社会需求。

3. 推动国际交流

政策制定可以更加积极地推动高校与国际创新创业教育交流，建立国际化的创新创业教育平台，吸引国际优秀人才来校任教，开展联合研究项目，为学生提供更广泛的国际视野和合作机会。

4. 完善教师培训机制

政策可以加强对教师的培训机制，提供更多的创新创业教育培训资源，鼓励教师参与实际创新项目，增加其实践经验并提高其教学水平。通过培养更具创新创业能力的教师，进一步提升创新创业教育的质量。

5. 强化创新创业文化建设

政策制定可以强化对创新创业文化建设的引导，支持学校开展更多的创新创业活动，营造积极向上的创新创业氛围。设立创新创业文化奖励机制，鼓励学生在创新创业领域取得更多的成就。

政策法规对高校创新创业教育的引导作用是不可忽视的，其为高校提供了方向和支持，促进了创新创业教育的蓬勃发展。通过创新创业教育体系建设、资金支持政策、人才培养目标明确、产学研深度合作机制、创新创业教育质量评估标准等方面的引导，政策法规有效推动了高校创新创业教育的实施。未来，政策制定者可以根据实际情况不断调整政策，加强与产业的对接、推动学科交叉、促进国际交流、完善教师培训机制及强化创新创业文化建设，以更好地适应社会发展的需要，培养更多具有创新创业能力的优秀人才。政策法规的不断优化将为高校创新创业教育提供更为有力的支持，推动高校创新创业教育取得更大的成就。

第四节　高校创新创业教育探索实践

一、高校创新创业教育的先进实践案例

高校创新创业教育作为培养学生创新能力、实际应用能力和创业精神的关键环节，在全球范围内备受关注。许多高校通过创新的教育理念和实践方

式，积极探索创新创业教育的新模式，取得了显著成果。以下将通过分析一些先进的高校创新创业教育实践案例，深入了解这些实践的成功经验，为其他高校提供借鉴和启示。

（一）斯坦福大学创业生态系统

1. 案例背景

斯坦福大学一直被认为是全球创业领域的领军者之一。其创业生态系统建设在学术、研究、产业之间形成良性互动，培养了众多成功创业者和创新团队。

2. 关键特点

多元化的资源支持：斯坦福将创新创业教育纳入整个校园体系，形成了一整套的支持体系。包括创业导师制度、创业训练课程、孵化器、创业竞赛等，为学生提供了多元化的创业资源。

跨学科合作：斯坦福鼓励学科之间的交叉合作，建立了多个跨学科的创业中心，使不同专业的学生能够共同参与创新创业项目，培养全面的创业能力。

创业导师制度：学生在创业过程中能够得到来自成功企业家、投资人等领域专业人士的指导。这种创业导师制度使得学生在实际项目中能够获得更为实际的经验，提高创业的成功率。

创业生态系统的协同发展：斯坦福将学术研究、科技创新和商业实践有机结合，形成了一个协同发展的创业生态系统。学术成果能够更快地转化为实际应用，推动了创新创业的不断迭代。

3. 启示

斯坦福的创业生态系统成功经验在于整合多方资源、鼓励跨学科合作、建立创业导师制度等方面取得的平衡。其他高校可以借鉴其建设创新创业教育生态系统的经验，实现学校内外资源的协同发展。

（二）麻省理工学院（MIT）的创业培训项目

1. 案例背景

麻省理工学院一直以其强大的科技实力和创新氛围著称，其组织的创业培训项目为学生提供了全方位的创新创业培训。

2. 关键特点

实践导向的创业课程：MIT 提供了一系列实践导向的创业课程，涵盖市场调研、商业模式设计、融资策略等方面。课程内容贴近实际，注重培养学生解决实际问题的能力。

创业营：MIT 组织了多个创业营，为学生提供了从创意孵化到商业化的全过程培训。这种集中式的培训形式使学生能够在短时间内全面了解创业的方方面面。

实践项目支持：MIT 为学生提供了大量的实践项目支持，包括孵化器、创业基金等。学生在这些项目中能够将理论知识应用到实际中，锻炼创业技能。

创业导师团队：MIT 拥有强大的创业导师团队，这些导师不仅来自学术界，还包括成功企业家和投资人。学生能够通过与导师的深入交流，获取更丰富的创业经验。

3. 启示

MIT 的创业培训项目在于其实践导向、全方位的培训体系。其他高校可借鉴其通过实践项目、创业导师团队等方式，使学生在真实场景中快速成长，逐步形成创业能力。

（三）清华大学的"创新实践与创业基地"模式

1. 案例背景

清华大学通过建设"创新实践与创业基地"，致力于将学生创新创业的梦想转化为现实，为学生提供更多创业机会。

2. 关键特点

创业孵化器：清华大学设立了多个创业孵化器，为学生提供办公场地、导师指导、投资渠道等全方位的支持。这些孵化器涵盖了多个领域，如科技、文化创意、社会创新等，以满足不同学生的创业需求。

产业导向的创新项目：清华大学通过与产业界深度合作，开展一系列产业导向的创新项目。学生可以参与这些项目，将理论知识应用到实际中，并在与企业的合作中获取实际经验。

创新创业竞赛：清华大学积极组织和参与各类创新创业竞赛，为学生提

供展示和实践的平台。这些竞赛不仅促进了学生的创新意识，还为优秀的创业项目提供了更多的发展机会。

跨学科合作平台：清华大学鼓励跨学科合作，搭建了跨学科的创新创业平台。这使得不同专业的学生可以共同参与创新创业项目，促进了不同领域的知识交流和创新思维的碰撞。

3. 启 示

清华大学的"创新实践与创业基地"模式在于其全面覆盖不同领域的创业支持，以及与产业、创新项目、竞赛等多方位结合。其他高校可以借鉴清华大学的做法，建设多元化的创新创业平台，满足不同层次、不同领域学生的创业需求。

（四）以色列理工学院的创新教育模式

1. 案例背景

以色列理工学院（Technion）作为以色列创新创业的重要支撑，其创新教育模式在培养科技创新人才方面取得了显著成就。

2. 关键特点

产学研结合：Technion 注重产学研结合，与产业界深度合作，将科研成果应用到实际生产中。学生在学习的同时能够接触最前沿的科技研究，增强创新创业的实际能力。

强化实践环节：Technion 在课程设置中注重强化实践环节，包括实验、实习、项目等。学生通过实际操作，深入理解科学理论，并培养实际解决问题的能力。

创新创业中心：学校设立了创新创业中心，为学生提供创新创业的全方位支持。该中心不仅提供办公空间，还组织创新创业训练、导师指导等活动，促使学生更好地投入创业实践。

国际合作项目：Technion 积极推动国际合作项目，鼓励学生参与国际性的创新创业活动。这不仅为学生提供了更广泛的创业机会，还拓展了学生的国际视野。

3. 启 示

Technion 的创新教育模式在于其强调产学研结合、强化实践环节、创新

创业中心和国际合作项目。其他高校可以借鉴 Technion 的经验，通过深度与产业的合作、强化实践环节、建设创新创业中心，培养更多具有国际竞争力的创新人才。

（五）南京大学"创新杰出人才培育计划"

1. 案例背景

南京大学通过"创新杰出人才培育计划"，在培养创新创业人才方面取得了一系列成果。

2. 关键特点

创新人才培育计划：学校设立了"创新杰出人才培育计划"，旨在为有创新潜力的学生提供全方位的培训和支持。该计划覆盖了多个学科领域，包括理工、人文、社科等。

导师团队：学校组建了强大的导师团队，涵盖了来自不同领域的优秀导师。学生在计划中能够得到导师的精心指导，有助于提高其创新创业的实际水平。

创新实践项目：学校鼓励学生参与创新实践项目，提供了一系列的实践机会，包括科研项目、创业项目等。通过参与这些项目，学生能够更好地将理论知识转化为实际应用。

行业合作：学校积极与行业合作，将学生培养与实际用工需求相结合。与企业的深度合作，不仅为学生提供实践机会，还为其提供了更多的就业选择。

3. 启示

南京大学"创新杰出人才培育计划"在于其全面覆盖不同学科领域、建设强大的导师团队、推动学生参与创新实践项目及与行业的深度合作。其他高校可以借鉴南京大学的经验，通过建设全方位的创新创业培育计划，实现对学生的全面培养。

（六）哈佛大学的创新创业实践

1. 案例背景

哈佛大学作为全球顶尖学府之一，其创新创业实践引领了许多高校，其创业中心、创业竞赛等项目为学生提供了创新创业平台。

2. 关键特点

创业中心：哈佛大学设立了创业中心，为学生提供了创新创业的全方位服务，包括导师指导、创业资源支持、创业空间等。这为学生提供了一个集中的创业生态系统。

创新创业竞赛：学校组织了多种创新创业竞赛，包括商业计划比赛、创意竞赛等。这不仅为学生提供了一展才华的机会，还为优秀创业项目提供了投资和孵化的机会。

实践导向的创新课程：哈佛大学推行实践导向的创新创业课程，使学生能够通过实际项目锻炼创新创业技能。这些课程通常由业界专业人士授课，为学生提供最新的行业动态和实践经验。

全球创新网络：哈佛大学积极推动学生参与全球创新网络，促进国际间的创新合作。学生有机会与来自不同国家和文化背景的创新者共同工作，拓展国际视野。

3. 启示

哈佛大学的创新创业实践在于其建设完善的创业中心、推动实践导向的创新课程、组织多样化的创业竞赛及构建全球创新网络。其他高校可以从中学习，建设更加完善的创新创业平台，为学生提供更广泛的创业资源和机会。

（七）新加坡国立大学的创新创业教育

1. 案例背景

新加坡国立大学（NUS）在创新创业教育方面积极探索，通过创业导师团队、创新实验室等项目为学生提供全面的创新创业支持。

2. 关键特点

创业导师团队：NUS组建了强大的创业导师团队，由来自不同领域的专业人士组成。导师团队为学生提供创业建议、指导项目发展，并分享创业经验。

创新实验室：学校设立了多个创新实验室，为学生提供实践项目的场地和资源支持。学生在实验室中可以进行创新研究、原型设计等，锻炼实际操作能力。

产业合作项目：NUS 积极与产业界进行合作，通过让学生参与与企业、初创公司的合作项目，使学生能够更好地了解市场需求，将创新创业与实际产业结合。

学科交叉课程：学校推行学科交叉的创新创业课程，使学生能够在不同学科领域进行深度学习，培养全方位的创新能力。

3. 启示

NUS 的创新创业教育在于其建设创业导师团队、创新实验室、产业合作项目和学科交叉课程。其他高校可以借鉴其经验，通过建设强大的创业导师队伍、提供实践场地、加强产业合作及推动学科交叉，实现全方位的创新创业教育。

二、创新创业教育建议

通过分析上述先进的高校创新创业教育实践案例，我们可以看到这些学校在构建创新创业生态系统、实践导向的创业课程、创业导师团队、创新实验室、国际合作等方面取得了显著的成就。这些经验包括多元化的资源支持、实践导向的课程设置、强大的创业导师团队、跨学科合作机制、国际化的创新创业平台等，为其他高校提供了可借鉴的经验和启示。

在未来，高校应当根据自身特点和定位，积极探索适合本校的创新创业教育模式，构建更为完善的创新创业生态系统。以下是一些建议，供高校在推进创新创业教育方面参考。

（一）建设创新创业生态系统

多元资源整合：整合学校内外的多重资源，包括创业导师、产业合作、创新实验室、创投机构等，形成完整的创新创业生态系统。

创新创业中心：设立创新创业中心，作为学生创业的枢纽，提供咨询服务、导师支持、创投资源等，形成全方位的创新创业支持体系。

（二）实践导向的创新创业课程

实践项目：推动学生参与实际创新创业项目，通过实践锻炼学生的实际操作能力，培养解决实际问题的能力。

创业导师：建立创业导师团队，邀请成功企业家、投资人等专业人士担任创业导师，为学生提供实战经验和指导。

（三）跨学科合作机制

学科交叉课程：推动学科交叉的创新创业课程，使不同专业的学生能够共同参与创新项目，促进跨学科的知识融合。

产学研合作：加强与产业界的合作，推动产学研深度结合，将科研成果更快地转化为实际应用。

（四）国际化创新创业平台

国际交流项目：推动学生参与国际交流项目，扩大其国际视野，提供更广泛的创新创业机会。

合作交流：与国际一流大学和研究机构建立合作关系，促进国际间的创新创业合作，推动学术成果的国际化。

（五）强化产业合作

行业合作项目：积极与行业合作，将学生培养与实际用工需求相结合，推动学生参与产业合作项目。

创新创业竞赛：组织创新创业竞赛，为学生提供展示创意的平台，并为优秀创业项目提供更多的发展机会。

（六）构建全球创新网络

全球资源整合：加强与国际创新创业组织、企业及投资机构的合作，形成全球创新创业资源整合网络。

国际导师合作：鼓励国际一流导师参与创业导师团队，为学生提供国际化的创业经验和视角。

通过以上建议，高校可以根据自身情况，构建适合本校的创新创业教育模式，培养更具创新能力和实际应用能力的优秀人才，推动高校创新创业教育的不断发展。

三、创新创业教育成功经验

创新创业教育作为培养学生创新能力、实际应用能力和创业精神的重要环节，已经成为当代高等教育的热点之一。通过对全球范围内成功实践案例的深入分析，我们可以总结出一系列创新创业教育的成功经验，这些经验不仅为高校提供了宝贵的借鉴，也为培养更具创新精神的人才提供了有效路径。

（一）构建全面的创新创业生态系统

成功的创新创业教育往往依赖于一个完备的生态系统，该系统包括多元资源整合、创新创业中心、产业导向的项目和创业竞赛等多个组成部分。

1. 多元资源整合

创新创业教育需要整合学校内外的多元资源，包括学术资源、企业资源、创业导师资源等。建立起一个资源共享的平台，可以为学生提供更广泛、更丰富的创新创业支持。

2. 创新创业中心

创新创业中心作为学生创业的核心枢纽，提供从创意孵化到商业化的全方位服务。这包括咨询服务、导师支持、创业资源整合、创业空间等，形成一个集中的创新创业服务中心。

3. 产业导向的项目和创业竞赛

通过与产业界深度合作，推动学生参与产业导向的项目，将理论知识与实际产业需求结合起来。同时，组织创业竞赛，为学生提供展示创意的舞台，激发创业热情。

（二）实践导向的创新创业课程

创新创业教育的核心在于实践，因此实践导向的创新创业课程至关重要。这包括实践项目、创业导师团队、创新实验室等一系列课程和项目，帮助学生将理论知识应用到实际中。

1. 实践项目

推动学生参与实际创新创业项目，让他们亲身体验从创意到实际实施的全过程。通过实践项目，学生可以锻炼解决问题的能力，提高实际操作水平。

2. 创业导师团队

建立创业导师团队，邀请成功企业家、投资人等专业人士担任创业导师。导师团队为学生提供实战经验和指导，使学生在创业过程中更加得心应手。

3. 创新实验室

设立创新实验室，为学生提供实践项目的场地和资源支持。学生可以在实验室中进行创新研究、原型设计等活动，锻炼实际操作能力。

（三）跨学科合作机制

创新创业往往需要跨越学科的界限，将不同领域的知识和技能有机结合。因此，建立跨学科合作机制是成功的创新创业教育的重要组成部分。

1. 学科交叉课程

推动学科交叉的创新创业课程，使不同专业的学生能够共同参与创新项目。这有助于促进跨学科的知识融合，培养学生的全面创新能力。

2. 产学研合作

加强与产业界的合作，推动产学研深度结合。学校与企业的合作项目可以为学生提供更多的实践机会，同时促进科研成果更快地转化为实际应用。

（四）国际化创新创业平台

创新创业的趋势是全球化的，因此构建国际化的创新创业平台可以为学生提供更广泛的创业资源和机会。

1. 国际交流项目

鼓励学生参与国际交流项目，扩大其国际视野。通过与来自不同国家和文化背景的创新者共同工作，学生可以更好地理解全球创新创业的动态。

2. 合作交流

与国际一流大学和研究机构建立合作关系，促进国际创新创业合作。这不仅可以为学生提供更广泛的学术资源，还有助于推动学术成果的国际化。

（五）强化产业合作

创新创业教育的成功离不开与产业界的深度合作。通过与企业的紧密合作，学校能够更好地将学生培养与实际用工需求相结合，提高学生的就业竞争力。

1. 行业合作项目

积极与行业合作，推动学生参与行业合作项目。这种合作模式不仅可以为学生提供更贴近实际的实践机会，还可以使学校更好地了解和适应产业的发展趋势。

2. 创新创业竞赛

组织创新创业竞赛，为学生提供展示创意和项目的平台。这不仅有助于激发学生的创业热情，还为优秀的创业项目提供更多的发展机会，包括投资、孵化等。

（六）构建全球创新网络

创新创业的本质是一种全球性的活动，因此建立全球创新网络可以为学校提供更广泛的创新资源和合作机会。

1. 全球资源整合

加强与国际创新创业组织、企业及投资机构的合作，形成全球创新创业资源整合网络。通过全球资源整合，学校可以更好地把握全球创新创业的脉搏，为学生提供更广阔的发展空间。

2. 国际导师合作

鼓励国际一流导师参与创业导师团队，为学生提供国际化的创业经验和视角。国际导师的参与不仅能够带来更多的行业洞察和经验分享，还可以促进国际交流和合作。

在全球范围内，创新创业教育正日益成为高等教育的重要组成部分。成功的创新创业教育经验为各个高校提供了有益的启示，为培养更具创新力和实际应用能力的人才指明了方向。在未来的发展中，高校可以借鉴这些成功经验，不断创新教学模式，优化创新创业生态系统，加强产业合作，拓展国际化合作，使创新创业教育更加贴近实际需求，使创新创业人才更具全球竞争力。

同时，随着科技的迅速发展和全球经济的日益一体化，创新创业教育也面临新的挑战和机遇。高校应加强与科技企业、创投机构的深度合作，紧密关注科技创新的前沿动态，为学生提供更具前瞻性的创新创业培训。此外，

强化跨学科合作、推动人才培养与实际产业需求更好地对接，也是未来创新创业教育的重要方向。

　　总的来说，创新创业教育的成功经验集成了多方面的要素，包括构建全面的创新创业生态系统、实践导向的创新创业课程、跨学科合作机制、国际化创新创业平台、强化产业合作、构建全球创新网络等。这些经验的分享与总结，有助于推动创新创业教育的不断发展，培养更多具有创新创业精神的人才，为社会和经济的可持续发展作出更大的贡献。

第二章　创新创业人才培养

第一节　创新创业素质和能力概述

一、创新创业素质的内涵和特征

随着社会的不断发展和经济结构的变革，创新与创业成为当代社会最为重要的动力之一。为了适应这一变化，培养具有创新创业素质的人才已经成为教育的重要目标之一。创新创业素质不仅是特定领域的技能，更是一种综合性的能力和态度。以下将深入探讨创新创业素质的内涵和特征，旨在为培养创新创业人才提供理论支持和实践指导。

（一）创新创业素质的内涵

1. 创新素质

（1）创新思维

创新素质的核心是具备创新思维，即对问题和挑战有开放、灵活且具有前瞻性的思考方式。创新思维不仅是解决问题的能力，更是在面对未知和复杂情境时能够独立思考、主动寻找解决方案的能力。

（2）创新能力

创新能力是将创新思维付诸实践的过程，包括对信息的敏感性、问题解决的能力、资源整合和组织创新团队的能力，具备创新能力的人能够在实际问题中迅速提出创新性想法并加以实施。

（3）风险意识

创新常伴随着不确定性和风险，因此创新素质中必然包含对风险的敏感性和应对能力。具备风险意识的人能够理性对待风险，善于在不确定性中找到机会。

2. 创业素质

（1）创业意识

创业意识是指个体对市场机会的敏感性和对创业的积极态度。具备创业意识的人能够主动寻找商业机会，对创业过程充满热情和信心。

（2）创业能力

创业能力包括市场分析、商业模式设计、资源整合、团队管理等多方面的能力。成功的创业者不仅具有创新思维，还需要能够将创新付诸实践并将其转化为可持续的商业模式。

（3）团队协作

创业往往需要团队的协作，因此具备团队协作能力是创业素质的重要组成部分。创业者需要善于搭建和管理团队，发挥每个团队成员的优势，实现合作共赢。

（二）创新创业素质的特征

1. 综合性

创新创业素质是一种综合性的素质，不仅包括专业领域的知识和技能，还包括跨学科的能力。具备综合性的素质的人能够更好地应对复杂多变的创新创业环境。

2. 灵活性

创新创业过程中经常伴随着变革和不确定性，因此创新创业素质需要具备灵活性。灵活性体现在对新观念、新技术及新市场的接纳和适应能力上，能够在变化中迅速调整策略。

3. 问题导向

创新创业素质的持有者通常是问题导向的，他们不满足于现状，善于发现问题、分析问题，并提出创新性的解决方案。这种问题导向的特征使得他们更容易在市场中找到机会点。

4. 持续学习

由于创新创业领域的不断变化，持续学习成为创新创业素质的重要特征。创新创业者需要保持对新知识的敏感性，时刻关注行业发展的最新动态。

5. 责任心

创新创业涉及资源整合、团队协作、风险管理等众多方面，因此具备责任心是创新创业素质的重要体现。对于自己的决策和行为，创新者需要承担相应的责任，并对团队和利益相关方负责。

6. 创造性思维

创新创业素质包括创造性思维，即能够独立思考、勇于提出新观点和新理念。创新者通常具备打破传统思维的勇气，能够在问题解决和商业模式设计中展现出创造性。

（三）创新创业素质的培养途径

1. 开设创新创业课程

学校和培训机构可以通过开设创新创业课程来培养学生的创新创业素质。这些课程可以涵盖创新思维的培养、创新方法论的学习、创业过程的模拟等内容。通过课堂教学，学生可以系统性地学习创新创业的理论知识，培养相关的技能和思维方式。

2. 实践项目和实习经验

实践项目和实习经验是培养创新创业素质的重要途径。学生通过参与实际的创新项目和创业实践，能够更深入地理解创新创业的实际操作，提高解决问题和应对挑战的能力。这样的实践经验有助于将理论知识与实际应用相结合，使学生更好地适应创新创业的环境。

3. 创业导师的引导

创业导师在学生创业过程中扮演着重要的角色。导师通常具有丰富的创业经验，能够为学生提供实用的建议和指导。与导师的交流互动，有助于学生形成正确的创新创业观念，获取行业内的实用信息，提升创业实践的能力。

4. 创新创业竞赛

参与创新创业竞赛是培养创新创业素质的有效途径之一。这类竞赛通常会提供一个展示创意和解决问题的平台，鼓励学生主动参与创新创业活动。通过竞赛，学生可以锻炼团队协作、创新思维和应变能力，同时还能够获得实际的反馈和认可。

5. 行业交流与实践

与行业的交流与实践是培养创新创业素质的重要途径之一。学生可以通过参加行业研讨会、实地考察、行业峰会等活动，与业界专业人士进行交流互动，深入了解行业动态，拓宽创新创业的视野。

6. 项目导向的学习

在课程设置和教学模式上，引入项目导向的学习方法。通过参与实际项目，学生能够在真实的场景中运用所学知识，提高问题解决和创新能力。这种学习方式有助于培养学生实际操作的技能，使他们更好地适应创新创业领域的需求。

7. 制订个人创新创业计划

学生在校期间可以制订个人的创新创业计划。这一计划可以包括个人的职业规划、创新项目的构想、创业方向的选择等。通过制订计划，学生能够更加明确自己的发展方向，为将来的创新创业奠定基础。

（四）创新创业素质的评价体系

为了有效地评价学生的创新创业素质，建立科学合理的评价体系至关重要。评价体系应该全面反映学生的创新创业能力，并且具有可操作性和可衡量性。

1. 综合能力评价

综合能力评价是创新创业素质评价的核心，包括学生在创新思维、创新能力、创业意识、创业能力、团队协作等方面的综合能力表现。评价体系应该能够全面覆盖这些方面，通过多维度的考查来全面了解学生的创新创业素质。

2. 项目实践评估

考查学生在实际项目实践中的表现是创新创业素质评价的有效途径之一。通过对项目的完成情况、解决问题的能力、团队协作等方面的评估，可以更直观地了解学生在实践中的水平。

3. 创新创业竞赛表现

参与创新创业竞赛是学生展现创新创业素质的一个平台。评价体系可以包括学生在竞赛中的表现、获奖情况、创意水平等方面的考察，从而更客观地评价其创新创业能力。

4. 案例分析和个人陈述

通过学生的案例分析和个人陈述，评价其在创新创业过程中的思考和实际行动。这种方式可以更深入地了解学生的创新思维、问题解决思路、职业规划等方面的情况。

5. 导师评价

创新创业导师在学生培养过程中扮演着重要角色。导师的评价可以从学生的创新创业思维、实际操作能力、团队协作等方面提供有针对性的反馈。导师通常能够更深入地了解学生的成长过程，通过导师的评价，可以获取更为专业和全面的创新创业素质信息。

6. 自我评价和反思

学生的自我评价和反思也是评价体系的一部分。学生通过对自己在创新创业过程中的表现进行自我评价，能够更清晰地认识自己的优势和不足，有助于制订更有针对性的提升计划。

（五）创新创业素质的未来发展趋势

1. 数字化技术的融入

未来，数字化技术的广泛应用将对创新创业素质的培养产生深远影响。人工智能、大数据分析、区块链等技术的运用将成为创新创业领域的新动力，学生需要具备与时俱进的数字化技术知识和应用能力。

2. 跨文化创新创业

全球化的发展趋势将进一步加强跨文化交流和合作，因此未来创新创业素质的培养将更加注重跨文化能力的培养。学生需要具备跨文化沟通、团队协作和全球市场洞察的能力。

3. 可持续发展的关注

随着社会对可持续发展的关注不断增加，未来创新创业素质的培养将更加注重可持续发展的理念。学生需要具备对社会、环境和经济的综合认识，将可持续发展的理念融入创新创业实践中。

4. 创新创业教育体系的完善

未来，创新创业素质的培养将更加注重整个创新创业教育体系的完善。

学校和教育机构将更加关注课程设置、教学方法、导师团队建设等方面的提升，构建更为完备的创新创业培养体系。

5. 创业生态系统的建设

创业生态系统的建设将成为创新创业素质培养的重要手段。学校将与产业界、创投机构、创业孵化器等合作，打造更为完善的创业生态系统，为学生提供更丰富的创新创业资源和更有力的支持。

创新创业素质的内涵涵盖了创新思维、创业意识、团队协作等多个方面，具备这些素质的人才更容易在不断变革的社会中脱颖而出。创新创业素质的培养需要多途径、全方位的努力，包括开设创新创业课程、实践项目与实习经验、创业导师的引导、创新创业竞赛等。评价体系应该综合考查学生的创新创业能力，并结合实际项目经验、创新创业竞赛表现、导师评价等多个维度进行全面评估。

未来，随着数字化技术、跨文化交流的深入发展，创新创业素质培养将更加注重数字化技术应用、跨文化能力的提升、可持续发展理念的引入等方面。同时，创新创业教育体系的完善和创业生态系统的建设将为学生提供更丰富的发展平台和机会。通过全社会的共同努力，培养更多具备创新创业素质的人才，将成为推动社会发展和经济繁荣的重要力量。

二、创业能力的核心要素

创业能力作为现代社会中备受重视的一种综合性素质，对个体在创业过程中的成功起着决定性的作用。创业能力不仅是创业者在一定领域中的专业技能，更是涵盖了广泛的认知、行为和情感要素。以下将深入探讨创业能力的核心要素，旨在揭示创业者成功的关键因素，为创业能力的培养提供理论支持和实践指导。

（一）创业能力的概念和重要性

1. 创业能力的概念

创业能力是指个体在创业过程中所需的一系列知识、技能、经验和素质，它涵盖了创新思维、商业洞察力、团队协作、风险管理等多个方面。创业能

力是创业者在面对不确定性、竞争激烈的市场环境中，能够灵活应对、主动创新的核心素质。

2. 创业能力的重要性

创业能力的重要性不仅体现在创业者个体层面，也直接关系到整个社会和经济的发展。具备良好创业能力的个体能够更好地适应市场变化，创造新的商业机会，推动产业升级和经济发展。对于社会而言，培养更多创业者，有助于推动创新、促进就业，进而促使社会持续繁荣。

（二）创业能力的核心要素

1. 创新思维

创新思维是创业能力的核心要素之一。创业者需要具备对问题的开放性思考、对新观念的敏感性及对市场变化的洞察力。创新思维有助于创业者更好地发现商业机会、解决问题，并推动企业在竞争中保持领先地位。

2. 商业洞察力

商业洞察力是创业者识别商业机会、把握市场趋势的关键能力。创业者需要对市场需求、竞争格局、潜在风险等有深刻的理解，能够在信息中识别商机，做出明智的商业决策。

3. 创业精神

创业精神是指创业者在面对风险和挑战时所展现的积极、进取的态度。创业者需要具备决断力、韧性和逆境应对能力，勇于迎接失败，并从中吸取教训，不断尝试新的创业路径。

4. 团队协作能力

创业过程往往需要多方面的资源和专业知识，因此团队协作能力是创业者不可或缺的要素。创业者需要善于搭建和管理团队，发挥每个团队成员的优势，实现合作共赢。

5. 市场营销能力

市场营销能力是创业者成功推动产品或服务的关键。创业者需要了解目标市场，制定有效的市场推广策略，建立品牌形象，满足客户需求，从而在市场竞争中脱颖而出。

6. 资源整合能力

资源整合能力是指创业者能够有效整合和利用各种资源的能力，包括财务资源、人力资源、技术资源等。创业者需要善于寻找合作伙伴，构建业务网络，最大化地利用现有资源。

7. 制度创新能力

制度创新能力是指创业者能够在组织和管理层面进行创新。这包括建立有效的组织结构、完善的管理制度和激励机制等。创业者需要具备对企业内部运作的优化和创新的能力，以应对成长过程中的各种挑战。

8. 沟通与谈判能力

沟通与谈判能力是创业者在与合作伙伴、投资者、客户等各方进行有效沟通和谈判时所需的重要能力。创业者需要善于表达自己的想法，理解他人需求，达成合作共识。

9. 逆商

逆商是指创业者在逆境中保持积极心态、化解压力、主动应对问题的能力。创业过程中充满了不确定性和风险，逆商高的创业者能够在压力下保持冷静，找到解决问题的有效途径。

10. 学习和适应能力

由于商业环境不断变化，创业者需要具备快速学习和适应新情境的能力。持续学习新的知识，不断提升个人的综合素质，以及适应市场、行业的变化，是创业者保持竞争力的关键。

（三）创业能力的培养途径

1. 创业教育课程

创业教育课程是培养创业能力的重要途径之一。学校和培训机构可以开设相关创业课程，包括创新创业导论、商业计划撰写、市场营销策略等，帮助学生系统学习创业所需的知识和技能。

2. 创业实践项目

创业实践项目为学生提供了锻炼创业能力的平台。通过参与实际的创业项目，学生可以在真实场景中应用理论知识，培养创新思维、团队协作和解决问题的能力。

3. 创业导师的指导

创业导师在学生创业过程中发挥着重要作用。导师通常具有丰富的创业经验，能够为学生提供实用的建议和指导。通过与导师的交流，学生能够获取宝贵的经验和行业洞察。

4. 创业竞赛和活动

参与创业竞赛和相关活动是培养创业能力的一种有效方式。这些竞赛往往模拟真实的创业环境，要求参赛者提出创新的商业方案，并在竞争中获胜。这种经历可以锻炼学生的商业洞察力和创新思维。

5. 实习经验

在创业领域的实习经验对学生的创业能力培养有着积极作用。通过实习，学生可以接触到真实的商业运作，了解行业内的实际情况，培养实际操作的能力。

6. 专业培训和讲座

定期举办专业培训和讲座，邀请成功创业者、行业专家分享经验，为学生提供实用的创业指导。这种形式的培训可以帮助学生树立正确的创业观念，了解创业的各个方面。

7. 自主学习和实践

创业能力的培养不仅依赖于课堂和导师的指导，自主学习和实践同样至关重要。学生可以通过自主学习相关书籍、参与在线课程、实践创意项目等方式，提高创业素养。

（四）创业能力的评价体系

为了科学地评价创业能力，建立合理的评价体系是必不可少的，以下是创业能力评价的一些主要指标。

1. 商业计划

学生是否能够独立撰写完整的商业计划，包括市场分析、竞争策略、财务规划等，是评价其商业洞察力和计划能力的重要指标。

2. 项目实践

参与创业实践项目，通过对项目的完成情况、团队合作表现、解决问题的能力等方面的评估，可以全面了解学生在实际创业中的水平。

3. 创业竞赛

学生参与创业竞赛的表现，包括方案创新性、商业价值、执行能力等，是评价其创业能力的重要参考。

4. 导师评价

创业导师对学生的创业过程进行评价，包括学生的团队协作能力、解决问题的能力、创新思维等，具有较高的参考价值。

5. 创业经验

学生是否有创业经验、创业经历的成功与否，可以作为评价其创业能力的一个直观标志。

6. 沟通与谈判技能

通过学生在沟通和谈判方面的表现，包括演讲技巧、沟通能力、解决争议的能力等，来评价其在商业环境中的适应能力。

7. 创新思维

通过学生在解决实际问题时的创新思维，包括提出新观点、独特的解决方案等，来评价其创新能力。

8. 逆商表现

学生在逆境中的应对表现，包括面对失败的态度、解决问题的方法等，可以反映其逆商水平。

9. 团队协作评价

学生在团队中的角色定位、协作能力、对团队目标的贡献等，是评价其团队协作能力的关键。

（五）创业能力的未来发展趋势

1. 数字化创业

随着数字化技术的快速发展，未来创业者需要更深刻地理解数字化创业。这包括利用大数据分析、人工智能、区块链等技术，将创新与科技融入创业过程中。数字化创业不仅提高了创业效率，还拓展了创新的可能性，因此创业者需要不断学习和适应新兴的数字化工具和平台。

2. 社会责任创业

未来创业者将更加关注社会责任和可持续发展。社会责任创业强调企业

在经济、社会和环境层面的可持续性，创业者需要考虑到企业的社会影响，积极参与社会问题的解决，倡导环保、公益等价值观。

3. 全球化视野

随着全球化的深入，未来创业者需要具备更广阔的国际视野。他们需要了解不同国家和地区的商业环境、文化差异、法律法规等，以便更好地在全球范围内拓展业务。跨文化交流和全球市场洞察力将成为创业者成功的重要因素。

4. 技术创新和行业融合

技术创新将继续推动各行各业的发展，未来创业者需要密切关注技术的前沿动态，结合不同领域的技术进行创新。行业融合也将成为未来的发展趋势，创业者需要善于将不同领域的技术、资源和经验进行整合，创造新的商业模式。

5. 创业生态系统建设

未来，创业者将更加依赖创业生态系统。创业生态系统包括创业孵化器、创投机构、行业协会等各类组织，它们共同构建起一个支持创业者发展的环境。创业者需要主动参与创业生态系统，获取资源和支持，促使创新创业更具活力。

6. 持续学习和个人发展

创业领域的知识和技能的更新十分迅速，未来创业者需要保持持续学习的心态。自主学习、参与培训、寻求导师指导等方式，将成为创业者不断提升自身能力的途径。个人发展规划也将更受重视，创业者需要清晰地了解自己的优势和不足，有计划地进行职业发展。

7. 创业精神的强调

创业精神将一直是创业者成功的基石。未来创业者需要在不断变化的环境中保持积极进取的态度，面对挑战时要保持灵活性和勇气，同时具备解决问题的决心和能力。

创业能力是创业者成功的重要保障，它涵盖了创新思维、商业洞察力、团队协作、市场营销等多个方面。创业者需要通过创业教育课程、实践项目、导师指导等多种途径培养这些核心要素。评价体系需要包括商业计划、项目实践、创业竞赛等多个方面，全面了解创业者的能力水平。

未来，创业者需要适应数字化创业、注重社会责任、拥有全球化视野、关注技术创新和行业融合，积极参与创业生态系统建设，持续学习，注重个人发展，保持创业精神。这些趋势将为创业者提供更多机会和挑战，要求创业者具备更为综合和前瞻的能力。在未来创业的道路上，创业者需要不断迭代自己的创业能力，不断拓展创业的新领域，为社会创造更多价值。

三、创新创业人才的综合素养要求

随着社会经济的不断发展和科技进步，创新创业人才在现代社会中的地位日益凸显。创新创业人才不仅需要具备丰富的专业知识和技能，更需要具备全面的综合素养。以下将深入探讨创新创业人才的综合素养要求，旨在揭示创新创业领域人才应具备的各个方面的能力和素质。

（一）创新创业人才的概念

1. 创新创业人才的定义

创新创业人才是指具备在创新、创业领域中所需的专业知识、技能及综合素养的人才。他们能够发现机遇、提出创新理念，有能力将创意转化为实际的商业价值，同时具备创业管理和领导才能。

2. 创新创业人才的重要性

创新创业人才在推动经济发展、推动社会进步方面发挥着关键作用，他们是推动科技创新、创业活动的发起者和推动者，为社会创造就业机会、促进产业升级及推动科技创新作出贡献。在不断变革的时代，创新创业人才的重要性愈发凸显。

（二）创新创业人才的综合素养要求

1. 专业知识与技能

创新创业人才首先需要具备相关领域的专业知识和技能，这包括对所从事行业的深刻理解，对市场的洞察力，以及实际操作所需的技术和管理技能。只有具备扎实的专业基础，才能更好地应对创新创业过程中的各种挑战。

2. 创新思维与能力

创新创业人才需要具备开放的思维方式和创新的能力，他们能够不断思

考和挑战现有的问题，寻找创新点，提出新的解决方案。创新思维不仅是创业初期的灵感，更是在不断实践中形成的一种习惯和态度。

3. 创业管理与领导力

创业过程中，管理和领导才能是至关重要的。创新创业人才需要具备良好的组织和管理能力，能够搭建高效的团队，制订切实可行的计划，有效分配资源，推动团队实现共同的目标。

4. 市场营销能力

创业成功与否很大程度上取决于市场的认可，因此，创新创业人才需要具备良好的市场营销能力，包括市场分析、产品定位、品牌建设、推广策略等。他们需要了解消费者需求，制订有效的市场推广计划，提高产品或服务的市场占有率。

5. 团队协作与沟通能力

创新创业通常是一个团队合作的过程，创新创业人才需要具备良好的团队协作和沟通能力，能够有效地与团队成员合作，协调各方利益，解决团队内部的问题，合力推动创业项目的进展。

6. 创业风险管理能力

创新创业过程充满了不确定性和风险，创新创业人才需要具备辨别和管理风险的能力，能够在面对不确定的市场环境时制定应对策略，降低项目的风险，并及时调整创业方向。

7. 财务管理能力

创新创业人才需要具备基本的财务管理能力，包括资金筹措、成本控制、财务报表分析等。他们需要能够合理分配资金，保持企业的财务健康，确保创业项目的可持续发展。

8. 持续学习与创新

创新创业领域发展迅速，创新创业人才需要具备持续学习的意识和习惯。他们要不断关注行业最新动态，了解新技术、新趋势，以保持在市场竞争中的优势。

9. 社会责任与可持续发展意识

在当今社会，企业的社会责任和可持续发展意识越来越受到重视。创新

创业人才需要具备对社会和环境的责任感，能够将可持续发展理念融入创业项目中，推动企业作出对社会有益的贡献。

10. 创业心理素质

在创业的过程中，会面临各种压力和挑战，因此创业者需要具备良好的心理素质，包括以下几个方面。

决断力和应变能力：在创业中，需要迅速作出决策，适应市场的变化。创业者的决断力和应变能力对于应对不断变化的环境至关重要。

抗压能力：创业者往往会面临来自市场竞争、财务压力等方面的压力，良好的抗压能力可以帮助他们在面临压力的情况下保持冷静和稳定。

创业激情：创业需要极大的激情和对事业的执着。创业者的激情能够推动他们克服困难，持续努力。

自我管理：创业者需要能够有效地管理自己的时间和精力，制订合理的工作计划，避免过度劳累。

积极乐观：积极乐观的态度有助于创业者在面对困难和失败时保持积极向前的心态，寻找解决问题的方法。

（三）创新创业人才培养的途径

要培养具备上述综合素养的创新创业人才，需要采用多元化的培养途径，具体如下。

1. 创业教育课程

大学及相关培训机构可以开设创新创业相关的课程，涵盖创新思维、市场营销、财务管理、团队协作等方面的知识。这些课程可以为学生提供必要的理论基础和实际操作技能。

2. 创业实践项目

创业实践项目是培养创新创业人才不可或缺的环节。通过实际参与创业项目，学生能够将理论知识应用到实际中，锻炼实际操作能力，培养解决问题的经验。

3. 创业导师指导

创业导师通常是具有丰富创业经验的专业人士，他们可以为学生提供实

用的建议和指导。创业导师的指导可以帮助学生更好地了解创业领域的实际情况，提高创业的成功率。

4. 创业竞赛和活动

参与创业竞赛和相关活动可以锻炼学生的创新能力和团队协作能力。这些活动往往提供实际的商业场景，要求学生提出创新的商业方案，并在竞争中获胜。

5. 实习经验

创新创业领域的实习经验对于学生的职业发展非常重要。通过实习，学生可以接触到实际的创业环境，了解行业内的运作方式，积累实践经验。

6. 跨学科培养

创新创业通常涉及多个学科领域，因此跨学科培养对于培养综合素养的创新创业人才至关重要。学生可以在不同学科领域中获取知识，拓宽视野，提高解决问题的综合能力。

7. 社会实践

参与社会实践活动可以帮助学生更好地了解社会需求，认识社会问题，培养社会责任感和可持续发展意识。

8. 制度化培训计划

学校和企业可以建立创新创业人才的制度化培训计划，为学生提供全面系统的创新创业培训，从而使其在专业知识、技能和综合素养上都得到全面提升。

为了培养未来的创新创业人才，学校、企业和社会需要共同努力，提供多元化的培训和教育资源。创新创业教育课程、创业实践项目、创业导师指导、创业竞赛和活动、实习经验等都是培养创新创业人才的有效途径。同时，注重创新创业人才的心理素质培养，鼓励创新思维，激发潜在创业者的创业激情。

未来，随着社会的发展和科技的不断进步，创新创业人才的培养将更加关注数字化技能、社会责任与可持续发展、国际化视野、技术创新和产业融合等方面。创新创业人才将在全球化、数字化及可持续发展的背景下发挥更为重要的作用，引领着社会的不断创新与发展。

第二节　创新创业素质和能力的构成

一、创新创业素质的分类与解析

创新创业素质是创业者成功的关键因素之一，它包含了一系列的能力和特质，涵盖了多个方面。以下将对创新创业素质进行分类与解析，以深入了解在不同层面上创业者所需要具备的素质，为培养创新创业人才提供指导。

（一）创新创业素质的基本分类

创新创业素质可以从多个角度进行分类，包括认知层面、技能层面和心理层面。在这三个层面上，创新创业者需要具备不同的素质，相互之间相辅相成。

1. 认知层面

认知层面的创新创业素质主要包括创新思维、市场洞察力、战略规划等方面的素质。

创新思维：创新思维是创新创业的基础。创业者需要具备跳出传统思维框架的能力，善于提出新的理念和解决方案，具有不断探索和尝试的意愿。

市场洞察力：对市场的深刻理解是创业成功的前提。创业者需要通过市场研究和洞察，了解目标市场的需求、趋势和竞争状况，为创业活动提供基础信息。

战略规划：成功的创业需要有明确的战略规划。创业者需要制定清晰的发展战略，包括市场定位、竞争策略、商业模式等，以引领企业朝着可持续发展的方向前进。

2. 技能层面

技能层面的创新创业素质主要包括团队管理、市场营销、财务管理等方面的技能。

团队管理：创业过程中需要协调和管理团队。创业者需要具备打造高效团队的能力，包括招聘、团队激励、冲突管理等。

市场营销：良好的市场营销能力是创业成功的重要保障。创业者需要了解市场营销的基本理念，包括品牌建设、推广策略、客户关系管理等。

财务管理：财务管理是创业者必备的技能之一。创业者需要能够进行资金筹措、制定预算及成本控制，确保企业的财务健康。

3. 心理层面

心理层面的创新创业素质主要包括创业决心、抗压能力、创业精神等方面的特质。

创业决心：创业是一项充满风险和挑战的活动，创业者需要有坚定的决心和信念，能够面对各种困难和压力。

抗压能力：创业者需要具备较强的抗压能力。面对市场的波动、竞争的激烈，创业者需要保持冷静和稳定，迎难而上。

创业精神：创业精神是创业者的核心特质之一。创业者需要具备进取心和激情、乐观的心态，愿意承担风险和挑战。

（二）创新创业素质构成要素

1. 创新思维

创新思维是创新创业过程中最基础的素质之一，创新思维包括以下几个方面的能力。

跳出传统思维：创新者能够超越传统思维框架，看到问题背后的本质，不被固有观念所限制。

联想和组合能力：创新者能够将看似无关的元素联想在一起，形成新的理念和想法，具备创造性的组合能力。

问题解决能力：创新思维强调解决问题的能力，能够从多个角度审视问题，并提出有效的解决方案。

持续学习和进取心：创新者具备持续学习的习惯，关注新知识和技术的发展，保持进取心，不断追求进步。

2. 市场洞察力

市场洞察力是创业者在市场竞争中取得优势的关键，市场洞察力包括以下几个方面的素质。

市场分析能力：创业者能够通过数据分析和市场研究，深刻理解目标市场的需求、趋势和竞争格局。

顾客需求洞察：创业者能够洞察和理解顾客的需求，包括对顾客心理的敏感性，能够准确捕捉市场上的机遇。

行业趋势把握：创业者关注行业的发展趋势，能够预测未来的市场动向，从而在创业计划中做出合理的战略决策。

竞争对手分析：通过对竞争对手的深入分析，创业者能够了解竞争者的优势和劣势，制定差异化策略，提高市场竞争力。

3. 战略规划

战略规划是确保创业成功的关键步骤之一，战略规划包括以下几个方面的素质。

明确定位：创业者需要清晰地定位自己的产品或服务在市场中的位置，明确目标客户群体，以便有针对性地进行经营和推广。

竞争策略：创业者能够制定差异化的竞争策略，找到自己的竞争优势，创造独特的价值，与竞争对手区分开来。

商业模式设计：创业者能够构建合理的商业模式，包括盈利模式、合作方式、资源配置等，确保企业可持续运营。

风险评估与控制：创业者能够全面评估潜在风险，并制定相应的风险控制策略，降低经营风险。

4. 团队管理

团队管理是创业成功的关键因素之一，团队管理包括以下几个方面的素质。

有效沟通：创业者需要具备良好的沟通能力，能够与团队成员建立良好的沟通渠道，保持信息的畅通。

激励团队：创业者能够通过各种方式激励团队，提高团队成员的工作积极性和创造力。

决策能力：创业者需要在关键时刻迅速做出决策，能够承担领导责任，确保团队的方向与目标一致。

团队建设：创业者能够建立和谐的团队氛围，培养团队协作精神，提高团队整体绩效。

5. 市场营销

市场营销是确保产品或服务在市场中被认知和接受的关键环节，市场营销包括以下几个方面的素质。

品牌建设：创业者能够树立独特的品牌形象，使品牌在消费者心中形成积极的认知。

推广策略：创业者能够制定有效的推广策略，包括线上线下的宣传手段，提高产品或服务的知名度。

客户关系管理：创业者注重与客户的沟通与关系维护，建立良好的客户关系，提升客户满意度。

市场调研：创业者通过市场调研了解顾客需求和市场变化，为产品或服务的优化和创新提供依据。

6. 财务管理

财务管理是创业者保障企业可持续经营的基础，财务管理包括以下几个方面的素质。

资金筹措：创业者能够制订合理的资金筹措计划，确保企业有足够的流动资金支持运营。

成本控制：创业者需要对企业各项成本进行有效控制，确保资源的有效利用，提高盈利水平。

财务报表分析：创业者能够分析财务报表，了解企业的经济状况，及时发现并解决财务问题。

投资决策：创业者能够做出明智的投资决策，选择符合企业战略的投资项目，确保资金的有效使用。

7. 创业决心

创业决心是创业者在面对困难和挑战时保持前进的内在动力，创业决心包括以下几个方面的素质。

坚定信念：创业者需要有坚定的信念，相信自己的创意和能力能够改变现状，取得成功。

持续动力：创业过程充满坎坷，创业者需要具备持续的动力，克服困难，保持前进的动力。

目标明确：创业者需要明确自己的目标，知道自己想要得到的是什么，通过设定明确的目标来引导自己的行动。

毅力和耐心：创业者需要有足够的毅力和耐心，面对挫折和失败时能够坚持不懈，不轻言放弃。

8. 抗压能力

抗压能力是创业者在面对各种压力和困难时保持冷静、稳定，并且持续前进的重要素质，抗压能力包括以下几个方面的素质。

良好心态：创业者需要以积极、乐观的心态对待挑战和压力，以更好地应对各种困境。

危机处理：创业者需要具备危机处理的能力，在面临困境时能够迅速冷静下来，沉着应对，找到解决问题的有效途径。

逆境成长：创业者能够在逆境中成长，从失败中吸取经验教训，不断调整战略和计划。

心理韧性：创业者需要拥有较强的心理韧性，能够适应快速变化的环境，保持稳定的心理状态。

9. 创业精神

创业精神是创业者成功的关键要素之一，它包含了对创新的追求、进取心和乐观积极的态度，创业精神包括以下几个方面的素质。

创新意识：创业者具备对新思想、新技术的敏感性，善于寻找创新点，并将其应用到实际创业过程中。

进取心：创业者有积极向上的进取心，不满足于现状，不断追求更高的目标和更大的成功。

乐观积极：创业者需要保持乐观积极的心态，即使面对困难也能够看到希望，有信心克服一切困难。

自主性：创业者具备较强的自主性，能够独立思考问题，主动承担责任，不依赖于外部条件。

10. 创业者精神

创业者精神是创业者在创业过程中表现出的一系列积极向上的特质和态度，是成功创业的内在动力，创业者精神包括以下几个方面的素质。

激情：创业者需要对自己的事业充满激情，对产品或服务有强烈的热爱和追求。

责任心：创业者具备较强的责任心，对企业的发展和团队的管理负责任，能够承担起领导者的责任。

执行力：创业者需要有较强的执行力，能够将想法迅速转化为实际行动，推动事业的快速发展。

创造力：创业者具备创造力，能够在市场上提供独特的产品或服务，满足顾客需求。

（三）创新创业素质的培养方法

为了培养创新创业者所需的多方面素质，可以采取以下方法。

1. 课程设置

学校可以开设创新创业相关的课程，包括创业管理、市场营销、财务管理、创新思维培养等方面的内容。这些课程可以帮助学生在学习阶段就建立起相应的知识基础。

2. 实践项目

创业实践项目是培养创新创业素质的重要途径。学生可以参与创业实践项目，通过实际操作锻炼创业所需的各种能力，同时积累实际经验。

3. 创业导师指导

学生在创业导师的指导下，可以获取实际的创业经验和建议。创业导师可以是有成功创业经验的企业家或相关领域的专业人士。

4. 创业竞赛

创业竞赛是学生锻炼创新创业能力的平台。通过参与创业竞赛，学生可以在竞争中提升自己的创新能力和团队协作能力。

5. 实习经验

创新创业相关的实习经验对培养学生的实际操作能力和行业了解能力至关重要。在实习中，学生可以学到更多的专业知识，了解企业运作模式，锻炼解决问题的能力，积累实际经验。

6. 制订创业计划

学生可以通过制订创业计划来锻炼创业素质。在制订创业计划的过程

中，学生需要考虑市场定位、商业模式、财务规划等方面，这有助于培养他们的战略思维和实际操作能力。

7. 参与行业交流

参与行业交流活动可以让学生更深入地了解行业动态、拓展人脉，并获取行业内的经验分享。这有助于提高他们的市场洞察力和判断力。

8. 个人能力培养

除了在学校和实践中培养，学生还可以通过自主学习提升个人创新创业素质。阅读相关领域的书籍、参与在线课程、关注业界动态等方式都能够拓展知识面。

创新创业素质是创业者成功的关键之一，它包括认知层面、技能层面和心理层面的多个方面。创业者需要具备创新思维、市场洞察力、战略规划、团队管理、市场营销、财务管理、创业决心、抗压能力、创业精神和创业者精神等素质。

为了培养创新创业素质，学校、企业和社会需要共同努力，提供多元化的培训和教育资源。创新创业教育课程、实践项目、创业导师指导、创业竞赛和活动、实习经验等都是培养创新创业人才的有效途径。同时，学生在培养自身创新创业素质时，也应注重实际操作和经验积累，通过多样化的方式提升个人能力。随着社会的不断发展，创新创业素质的培养将越来越受到重视，创新创业者将在不同领域展现出更强大的创造力和领导力，推动社会不断向前发展。

二、创新创业人才培养的关键指标体系

创新创业人才的培养是高校教育和社会发展的重要任务之一。为了衡量创新创业人才培养的成效，建立科学合理的关键指标体系至关重要。以下将探讨创新创业人才培养的关键指标体系，以便更全面、客观地评估培养过程和成果。

（一）创新创业人才培养的背景

随着社会经济的发展和科技的进步，创新创业成为推动国家和企业发展的重要力量。创新创业人才的培养不仅是高等教育的任务，更是国家战

略的需要。建设创新型国家和推动产业升级都离不开具备创新创业能力的人才。

在这一背景下，高校被寄予厚望，成为培养创新创业人才的主要阵地。关键指标体系的建立有助于高校更加明确培养目标，有效评估培养效果，不断提升创新创业人才培养的水平。

（二）关键指标体系的构建

1. 学科设置与课程体系

创新创业课程数量与质量：衡量学校创新创业人才培养的首要指标是创新创业相关课程的数量和质量，包括创新理论、创业管理、创新实践等方面的课程。

跨学科融合程度：创新创业要求综合运用多学科知识，因此，学校的课程体系是否能够有效整合各学科资源，培养出具备全面素养的人才是一个关键指标。

2. 创新创业实践

创业实训项目数量和质量：学校是否为学生提供了丰富多样的创业实践机会，以及这些实践项目的质量如何，是评估学校创新创业人才培养效果的重要指标。

创新创业实践团队数量：通过参与创新创业实践团队，学生能够在团队合作中培养创新思维和团队协作能力。

3. 科研成果与创新项目

学生科研成果数量：衡量学校培养创新创业人才的一个重要指标是学生参与的科研项目数量和获得的成果。这反映了学生在科研和创新方面的实际能力。

创新创业项目数量和成功率：学校是否鼓励并支持学生参与创新创业项目，以及这些项目的实际成果如何，是评估培养效果的重要依据。

4. 创新创业人才竞赛表现

参与创新创业竞赛人数：学校是否鼓励学生积极参与各类创新创业竞赛，是一个衡量学校创新创业人才培养投入和成果的指标。

获奖数量和级别：学生在创新创业竞赛中的获奖情况，可以直观反映学校培养的人才水平。

5. 创业导师团队

创业导师数量和资质：学校是否拥有一支具备丰富实践经验和专业知识的创业导师团队，对于学生创新创业能力的培养起到至关重要的作用。

创业导师指导项目数量：衡量创业导师团队实际参与和指导创新创业项目的数量，可以反映出学校的实际支持力度。

6. 就业率和创业率

毕业生就业率：衡量学校培养创新创业人才的一个重要指标是毕业生的就业率。就业率的高低可以间接反映出学生就业竞争力和市场认可度。

创业毕业生数量：学校毕业生中创业的数量及比例，是评估学校培养创新创业人才成效的重要指标。

7. 校企合作与实习机会

校企合作项目数量：学校是否积极与企业共同开展合作项目，为学生提供实际的创新创业机会是评估指标之一。

实习机会数量和质量：学校为学生提供的实习机会是否能够真正锻炼创新创业能力，是关键指标之一。

（三）关键指标体系的实施

建立关键指标体系只是第一步，实施是确保培养创新创业人才目标实现的关键。以下是实施过程中需要考虑的因素。

1. 体系的动态调整

创新创业领域的发展是动态变化的，因此关键指标体系也需要进行动态调整。定期评估和调整关键指标，确保其与时俱进，反映当前社会和产业的需求。

2. 教育资源的合理配置

为了确保创新创业人才培养的效果，学校需要合理配置相关教育资源。这包括专业师资的引进、实践项目的支持、实验室设备的更新等，以提供优质的教学环境。

3. 多层次、全方位的支持体系

创新创业人才培养需要全社会的支持。学校应建立多层次、全方位的支持体系，包括政府支持、企业支持、社会组织支持等，形成合力，共同推动创新创业人才的培养工作。

4. 与产业对接

学校需要与产业密切对接，了解产业需求，及时调整培养方案和关键指标体系。与企业合作开展创新项目、提供实习机会，是有效的对接途径之一。

5. 对学生个体差异的关注

创新创业人才培养不同于传统的教育模式，更加强调学生的个性发展和创新能力的培养。在实施过程中，要注重发现和引导学生个体差异，激发其潜力。

6. 评价体系的建立

为了保证关键指标体系的实施效果，需要建立完善的评价体系。这包括定期的自评和外部评估，从多个角度评估创新创业人才培养的成效。

创新创业人才培养的关键指标体系是高校评估培养效果的重要工具。通过建立科学合理的关键指标，可以更全面、客观地评价高校在创新创业人才培养方面的努力和成果。同时，在实施过程中需要注重体系的动态调整、教育资源的合理配置、多层次全方位的支持、与产业的对接、学生个体差异的关注，以及评价体系的建立。这将有助于高校更好地发挥教育职能，培养更多、更优秀的创新创业人才，为国家和社会的发展作出贡献。

第三节　创新创业素质和能力的培养

一、创新创业教育的课程设计与实施

随着社会的不断发展，创新创业已经成为推动经济增长和社会进步的关键因素之一。为了培养适应时代需求的人才，高校在创新创业教育方面投入了越来越多的资源。以下将探讨创新创业教育的课程设计与实施，旨在为培养具备创新创业能力的学生提供有效的教育路径。

（一）创新创业教育的背景

创新创业教育旨在培养学生具备创造性思维、创新意识和创业能力，使其能够在不断变化的社会和经济环境中脱颖而出。这种教育模式突破了传统教育的界限，强调实践性、跨学科性和团队协作性，使学生能够更好地适应未来的职业挑战。

（二）创新创业教育课程设计

1. 创新创业核心能力培养目标

在设计创新创业教育课程时，首先需要明确培养目标。创新创业核心能力包括创新思维、市场洞察、团队合作、风险管理等方面。课程设计应以这些核心能力为目标，旨在培养学生全面的创新创业素质。

2. 课程结构与设置

基础课程：包括创新理论、创业管理、市场营销等基础知识，为学生打下坚实的理论基础。

实践课程：强调实践性的课程是创新创业教育的重要组成部分，包括创业实践、创新项目开发等，使学生能够在实际操作中应用所学知识。

跨学科课程：创新创业需要综合运用多学科知识，因此需要设置跨学科的课程，促使学生跨足多个领域进行思考和创新。

创业导师课程：由有创业经验的导师授课，分享实际经验和行业见解，引导学生更好地理解创业过程。

3. 实践项目设计

实践项目是创新创业教育的重要环节，能够让学生在真实场景中锻炼能力。设计实践项目时应注重以下方面。

项目设置：设计具有挑战性的项目，要求学生在实践中解决真实问题，提高实际操作能力。

团队协作：强调团队协作，使学生在合作中培养沟通、协调和领导能力。

导师指导：项目中可以设置导师，为学生提供专业指导和建议，帮助他们更好地完成任务。

4.创业导师制度

创业导师制度是创新创业教育中的重要支持系统。学校可以邀请成功创业的企业家、行业专家作为导师，与学生分享实践经验，提供创业指导。导师可以参与课程设计、实践项目的制定，为学生提供实际的创业支持。

5.创新创业资源整合

为了提供全面的创新创业教育，学校需要整合各类资源，包括行业资源、企业资源、科研资源等。建立创新创业中心，促使学生更好地接触和利用这些资源，将理论知识与实际操作有机结合。

（三）创新创业教育的实施

1.教师队伍建设

创新创业教育的成功实施离不开专业素养高的教师队伍。学校应该鼓励教师参与相关领域的研究，不断提升自身创新创业知识水平。培训教师的创新创业教育理念和方法，增加其实际操作经验，使其能够更好地引导学生。

2.学生评价体系

创新创业教育的目标是培养具备创新创业能力的人才，因此学生的评价不仅应该关注其学科知识水平，更要关注其创新创业能力的发展。建立全面、多元的学生评价体系，包括课程考核、实践项目成果、导师评价等，以更好地反映学生的实际能力和潜力。

3.与企业、行业的合作

创新创业教育需要与实际产业相结合，使学生更好地适应市场需求。学校应积极与企业和行业建立合作关系，通过行业导师的引入、实习机会的提供、创新项目的合作等方式，将学生的学习与实际创新创业场景相结合。这样的合作关系不仅能够为学生提供更丰富的实践机会，也有助于学校更好地了解行业动态和需求，调整课程设置和教学内容。

4.制度保障

为了确保创新创业教育的顺利实施，学校需要建立一系列的制度保障机制，具体包括以下几种。

导师激励机制：建立科学合理的导师激励机制，鼓励成功创业者、企业家参与到创新创业教育中，提供优质的创业指导。

学科交叉机制：打破学科壁垒，建立学科交叉的机制，促使学生在不同学科领域中进行思考和实践，培养跨学科的创新能力。

项目支持机制：提供项目申报和支持机制，鼓励学生提出创新创业项目，为有潜力的项目提供支持和资源保障。

课程评估体系：建立科学的课程评估体系，根据学生的实际表现、项目成果等进行多维度评价，确保课程的有效性和适应性。

（四）创新创业教育的挑战与对策

1. 传统观念的转变

传统的教育观念强调知识传授和考试成绩，而创新创业教育更注重实践和能力培养。因此，需要进行广泛的教育宣传，使学生、教师和家长能够更好地理解创新创业教育的重要性，形成共识。

2. 教师队伍建设

创新创业教育对教师的素养要求较高，需要教师具备丰富的实践经验和跨学科知识。因此，学校应该加强教师队伍的培训和引进，确保教师具备创新创业领域的专业素养。

3. 课程体系建设

创新创业课程体系的建设需要耗费较多的时间和精力，包括跨学科融合、实践性课程设计等。学校可以借鉴国内外的成功经验，逐步完善课程体系，确保其符合实际需求。

4. 实践项目难度

设计有挑战性的实践项目是创新创业教育的核心，但项目难度较大可能导致学生难以完成。因此，需要根据学生的层次水平设置不同难度的实践项目，并通过导师的指导提供支持，帮助学生逐步提升实践能力。

5. 创新创业导师引入

成功的创业导师通常在行业中有丰富的经验，但引入这样的导师也面临一定难度。学校可以通过与企业建立紧密联系，开展导师共建计划，吸引行业专业人士加入创新创业导师团队。

6. 资源整合与合作

创新创业教育需要各方的资源支持，包括行业资源、企业支持、政府投入等。因此，学校需要积极主动地与各方建立合作关系，整合资源，确保创新创业教育的可持续发展。

创新创业教育的课程设计与实施是一项复杂而系统的工程，需要学校在理念、机制、资源等多方面进行全面创新。通过明确培养目标，设计科学合理的课程结构，注重实践项目的设计，建立创业导师制度，并保障制度的顺利实施，可以有效提高创新创业教育的质量。同时，面对挑战，学校需要引导教师传统观念的转变，加强教师队伍建设，持续优化课程体系，充分整合资源与合作。只有通过不断努力和创新，创新创业教育才能更好地为培养具备创新创业能力的学生提供支持，促进社会经济的可持续发展。

二、创新创业实践项目的设计与管理

创新创业实践项目是培养学生创新创业能力的关键环节，通过实际项目的设计和管理，学生能够在真实的场景中应用所学知识，培养解决问题的能力和团队协作精神。本部分将探讨创新创业实践项目的设计与管理，旨在为高校和企业提供有效的指导和经验分享。

（一）创新创业实践项目的设计

1. 项目定位与目标

在设计创新创业实践项目时，首先需要明确项目的定位和目标。项目定位应根据学校的特色、专业方向和社会需求，明确是以科技创新为主还是以市场创业为主。项目目标应明确学生在项目中需要达到的能力和水平，例如，创新思维、团队协作、项目管理等。

2. 项目内容和任务

项目内容和任务应紧密结合创新创业的实际需求，具有一定的挑战性。可以设定项目涉及的行业领域、解决的问题、创新点和实施计划。任务可以分阶段进行，确保学生在项目中逐步提升能力，形成完整的项目实施过程。

3. 团队构建与角色分工

创新创业项目通常需要团队合作，因此在设计阶段就需要考虑如何构建

团队。学校可以采用自由组队或者指导老师组队的方式，确保团队成员具有不同的专业背景和技能。同时，需要明确每个成员的角色和任务分工，使团队协作更加高效。

4. 创新创业导师的引入

创新创业导师在项目设计中起到至关重要的作用。导师可以是学校内的教师，也可以是外部的创业导师、企业家等。导师的经验和指导将对学生的项目实践产生积极的影响，帮助学生更好地理解创新创业过程。

5. 资源支持和保障

创新创业项目需要一定的资源支持，包括实验室设备、技术支持、资金等。在项目设计阶段，需要确保项目所需的各类资源得到充分的保障，以确保项目的正常实施。

（二）创新创业实践项目的管理

1. 项目计划和时间安排

项目管理的第一步是制订详细的项目计划和时间安排，明确项目的起止时间、各个阶段的任务和里程碑，确保项目按照既定计划有序进行。项目计划应该具有一定的弹性，以应对不可预测的情况。

2. 团队协作和沟通机制

团队协作是创新创业实践项目的核心，因此需要建立有效的团队协作和沟通机制。可以通过定期的团队会议、在线协作平台、沟通工具等方式，确保团队成员之间的信息畅通，任务得到及时推进。

3. 风险管理与问题解决

创新创业项目中难免会遇到各种问题和风险，因此需要建立有效的风险管理机制。在项目管理中，要及时识别和评估潜在风险，制定相应的风险应对策略。同时，团队成员要具备解决问题的能力，形成良好的问题解决机制。

4. 创新创业导师的指导

导师在项目管理中同样扮演重要的角色，导师可以帮助团队制订合理的项目计划，提供专业的指导意见，解决团队在项目实施中遇到的问题，推动项目的顺利进行。

5. 学生自主学习和反思机制

创新创业项目的管理也要注重培养学生的自主学习和反思能力。团队成员应该具备主动获取信息、独立学习的能力，并在项目实践中及时总结经验教训，形成个人和团队的学习成果。

6. 项目评估与成果展示

项目的最终目标是产生实际的创新创业成果。因此，需要建立科学合理的项目评估机制，评估项目的创新性、可行性和实际效果。同时，项目的成果应该得到合理的展示和推广，以实现项目的社会价值。

（三）创新创业实践项目的挑战与对策

1. 团队管理与合作难题

团队管理和合作是创新创业实践项目中常见的难题。为了解决这一问题，可以采用团队建设培训、明确角色分工、建立有效沟通机制等方式，提高团队合作效率。

2. 资源限制与利用

创新创业项目通常需要一定的资源支持，但在实际操作中可能受到资金、设备、技术等方面的限制。在资源有限的情况下，可以通过积极寻求校内外资源合作、申请创业基金、利用开源工具等方式，最大限度地充分利用已有资源。

3. 项目目标不清晰

有时候在项目初期，学生可能对项目的目标和任务理解不清晰，导致项目执行困难。为了解决这一问题，导师在项目启动时可以进行详细的项目介绍并协助明确目标，同时要建立定期的项目进展汇报机制，及时纠正和调整项目方向。

4. 缺乏实际经验

学生在创新创业项目中可能缺乏实际经验，对市场、行业规律等了解有限。为了弥补这一不足，可以邀请有丰富经验的导师参与项目，提供实际指导和建议；同时，引入行业合作，让学生深入了解实际市场情况。

5. 成果评估难题

创新创业项目的最终成果往往不容易量化，评估也存在一定的难度。为

了解决这一问题，可以建立多维度的评估体系，包括项目的创新性、市场潜力、团队协作能力等多个方面，以更全面地衡量项目的成功与否。

创新创业实践项目的设计与管理是高校创新创业教育的核心环节，也是学生培养创新创业能力的有效途径。在设计项目时，需要明确项目定位、目标、内容、团队构建等要素；在项目管理中，要注重项目计划、团队协作、风险管理等方面的细节。同时，面对挑战，需要通过团队建设、资源整合、导师引入等措施加以解决。通过创新创业实践项目的有机设计与科学管理，可以更好地培养学生的创新创业能力，促进他们顺利融入社会，为未来的职业生涯做好充分准备。

三、创新创业人才培养模式的创新与探索

随着时代的发展，创新创业人才的需求日益增长。为适应社会对创新创业人才的需求，高校在人才培养模式方面进行了不断的创新与探索。以下将深入探讨创新创业人才培养模式的创新与探索，分析目前存在的挑战，并提出改进的建议，旨在为高校创新创业人才培养提供有益的参考。

（一）传统人才培养模式的不足

传统的人才培养模式主要侧重于传授专业知识，注重理论学习和考试成绩，相对缺乏对创新创业能力的培养。这种模式下，学生容易形成对于传统观念和固有框架的依赖，难以适应快速变化的社会需求。因此，创新创业人才培养迫切需要一种新的模式来引领学生更好地适应创新创业的要求。

（二）创新创业人才培养模式的创新方向

1. 跨学科融合

创新创业往往需要多学科的知识综合运用，因此培养创新创业人才不能局限于某一专业领域。创新创业人才培养模式需要跨学科融合，打破传统专业壁垒，使学生能够在多学科交叉的环境中思考问题、解决问题。

2. 实践导向

创新创业是实践性极强的活动，纸上谈兵远远不能满足培养创新创业人

才的要求。培养模式应该更加注重实践导向，通过实际项目、实习实训等方式，让学生亲身参与并解决实际问题，培养实际操作能力。

3. 创业导师制度

引入创业导师制度是创新创业人才培养模式的重要举措。创业导师可以是成功创业者、行业专家，他们的经验和实战经历对学生的创新创业能力的培养有着积极的影响。导师可以在学生创业项目的不同阶段提供指导，分享经验，帮助他们更好地理解和应对创业中的挑战。

4. 国际合作与交流

创新创业人才需要具备更广泛的国际视野和全球化思维。因此，培养模式应该更加注重国际合作与交流，通过与国外高校、企业的合作，引进国际化的创新资源和理念，使学生在更加开放的环境中学习和成长。

5. 创新文化建设

创新创业人才培养模式的创新还需要建立创新的文化氛围。学校应该鼓励创新思维，推崇创业精神，提供丰富的创新创业资源。在这样的文化氛围中，学生更容易树立创新创业的信念，并愿意投身到创新创业的实践中。

（三）创新创业人才培养模式的实施

1. 课程设置与实践项目

在创新创业人才培养模式中，课程设置是关键的一环。学校应该根据创新创业人才培养的要求，设计涵盖创新理论、创业管理、市场营销等多方面知识的课程。同时，实践项目也是不可或缺的一部分，通过参与实践项目，学生能够更好地理解和应用所学知识。

2. 资源整合与导师团队建设

创新创业人才培养需要综合运用各类资源，包括行业资源、企业资源、导师资源等。学校应该打造创新创业导师团队，引进有经验的导师，为学生提供创新创业的指导和支持。同时，资源整合也需要与企业、行业等建立紧密联系，确保学生能够充分接触和利用外部资源。

3. 学科交叉与合作机制

学科交叉是创新创业人才培养模式中的一个重要特点。学校可以通过建

立学科交叉的合作机制，使不同专业的学生能够在同一个团队中合作，从而更好地发挥各自的专业优势，形成创新的力量。

4. 实时反馈与调整

创新创业人才培养模式需要建立实时反馈与调整的机制。通过定期的项目评估、学生反馈和导师建议，及时了解项目的进展和存在的问题，并对培养模式进行灵活调整。这有助于更好地适应创新创业领域的变化和学生的需求。

5. 创新创业文化建设

创新创业人才培养模式的实施需要学校注重创新创业文化的建设。学校可以通过组织创业大赛、创新论坛、创业讲座等活动，营造浓厚的创新创业氛围。同时，要鼓励学生参与创业社团、创新团队等组织，促使他们在学术和实践中更深入地融入创新创业文化。

（四）面临的挑战与解决对策

1. 资源不足

创新创业人才培养模式的实施需要大量的资源支持，包括导师资源、实践项目资源、行业合作资源等。因此，学校可能面临资源不足的挑战。对策是加强与企业、行业的合作，争取更多的外部资源支持，同时通过建立创新创业基金、引入外部投资等方式，增加内部资源投入。

2. 评估体系不完善

传统的评估体系往往难以全面评价创新创业人才的培养情况。为解决这一问题，学校可以建立更加全面的评估体系，包括学术成绩、创新项目成果、实际能力表现等多方面指标，以更全面、客观地评估学生的创新创业能力。

3. 传统观念和机制难以改变

传统的人才培养观念和机制往往根深蒂固，学校在推行创新创业人才培养模式时可能遇到一些困难。对策是通过教育宣传、政策引导等方式，逐步转变学校和社会对于人才培养的传统观念，鼓励更加注重创新创业能力培养的理念。

4. 与行业融合程度不足

创新创业人才培养模式的成功与否关键取决于与行业的融合程度。但由于学校与行业之间的信息交流和合作机制相对滞后，导致与行业融合的程度较低。解决这一问题的对策是建立更紧密的行业联系，加强与企业的合作，引入企业资源和导师，确保创新创业人才培养与实际需求相符。

创新创业人才培养模式的创新与探索是高校适应社会发展需要、培养更具竞争力人才的迫切要求。通过跨学科融合、实践导向、创业导师制度、国际合作与交流、创新文化建设等方面的创新，学校可以更好地培养出适应时代需求的创新创业人才。同时，要面对资源不足、评估体系不完善、传统观念和机制难以改变等挑战，通过与企业的深度合作、建立更科学的评估体系、改变观念和机制等手段，逐步解决这些问题，推动创新创业人才培养模式的全面提升。只有在不断的创新和探索中，高校才能更好地适应社会变革的需要，为培养更多具备创新创业能力的人才作出贡献。

第三章　创新创业教育体系

第一节　创新创业教育体系构建的指导思想与基本原则

一、创新创业教育体系建设的指导理念

创新创业教育在当今社会被认为是高等教育体系中的一项重要任务。随着科技和社会的不断发展，培养具备创新创业能力的人才成为推动社会进步和经济发展的关键。创新创业教育体系的建设不仅关系到学校的教育质量，更关系到培养学生适应未来社会需要的能力。以下将探讨创新创业教育体系建设的指导理念，以期为高校提供有益的思路和借鉴经验。

（一）以学生为中心的理念

创新创业教育体系建设的指导理念之一是以学生为中心，传统的教育体系往往过于注重传授知识，忽视了学生的个体差异和兴趣发展。在创新创业教育中，应该强调个性化、差异化的培养模式，关注学生的兴趣、潜能和特长，激发学生的创新激情和创业热情。

这一理念下的具体实践包括以下几点。

1. 个性化发展规划

为每个学生制定个性化的发展规划，包括创新创业方向的培养计划、实践项目选择等。通过调查学生的兴趣、职业志向，为其量身定制学科和实践项目，使其在学习中更有动力和热情。

2. 多元评价体系

建立多元化的评价体系，不仅关注学生的学科知识水平，还要注重对创

新创业能力的评估。可以采用项目评价、创业计划书评选、导师评价等方式，全面了解学生的综合能力，鼓励和表彰在创新创业方面的突出表现。

3. 跨学科交叉培养

推动不同专业、不同学科的学生进行跨学科的交叉培养，促进知识的融合和创新思维的碰撞。通过开设跨学科的创新课程、组织跨专业的实践项目，培养学生具备多领域综合应用知识的能力。

（二）实践导向的理念

创新创业教育的本质是培养学生解决实际问题的能力，因此实践导向的理念是创新创业教育体系建设的重要指导思想。通过将理论知识与实际应用相结合，使学生在实践中真正掌握创新创业的核心能力。具体实践如下。

1. 创业导师制度

建立创业导师制度，邀请有创业经验的导师为学生提供实践指导。导师可以是校内教师，也可以是企业家、行业专家，他们的经验将对学生创业实践产生积极的影响，帮助学生更好地理解创业过程。

2. 实际项目参与

将实际项目纳入课程设置，让学生通过参与实际项目，锻炼解决问题的能力。可以与企业、科研机构合作，为学生提供参与实际项目的机会，培养其实际操作和团队协作的经验。

3. 创业实训基地

建设创业实训基地，提供良好的实践环境。实训基地可以模拟真实的创业场景，为学生提供创业过程中可能遇到的问题和挑战，促使他们更好地适应创业实践。

4. 行业对接项目

与行业进行深度对接，开展行业项目合作。通过与行业合作，学生能够更深入地了解行业需求，同时也为企业提供新颖的思路和解决方案。这种双赢的合作模式有助于学生在实际项目中锻炼创新创业能力。

（三）开放协同的理念

开放协同是指在创新创业教育中，学校与企业、社会资源形成一种协同

共赢的关系。这一理念强调学校要主动与外部合作伙伴合作，借助外部资源和经验，推动创新创业教育的发展，具体实践如下。

1. 产学研结合

推动产学研结合，建立校企合作的创新创业教育模式。学校可以与企业、科研机构签订合作协议，共同开展创新研究、创业培训等项目，实现产业需求与学科知识的有机结合。

2. 创新创业生态圈建设

构建创新创业生态圈，形成学校、企业、政府、投资机构等多方合作的良好环境。通过建立创新创业园区、孵化器等平台，促进校内外资源的共享与交流，为学生提供更多的创新创业机会。

3. 制定激励政策

学校应制定激励政策，鼓励教师、学生参与创新创业教育。可以通过制订创新创业奖励计划、提供创业支持基金等方式，激发校内创新创业资源的积极性，促使更多人投身到创新创业教育事业中。

4. 多元合作模式

建立多元化的合作模式，包括与不同领域企业、社会组织、政府机构等的合作。学校可以与创投机构合作，引入外部投资支持学生创业项目；与企业建立实习基地，提供更多实践机会；与政府合作，争取政策支持和创新创业政策倾斜。

（四）持续创新的理念

创新创业教育领域发展迅速，要保持领先地位就需要不断进行创新。持续创新的理念是指学校在创新创业教育体系建设中要始终保持创新意识，不断调整和优化教育模式，具体实践如下。

1. 面向未来的课程设置

定期调整创新创业课程，紧跟行业发展趋势，确保培养的学生具备最新的知识和技能。可以引入新兴技术、前沿领域的研究成果，开设具有创新性的课程，激发学生对未来发展的热情。

2. 教育科技的应用

积极应用教育科技手段，提高创新创业教育的效果。可以利用在线教育

平台、虚拟实验室等工具，拓宽学生的学科知识面，提供更灵活的学习方式，促进创新创业思维的培养。

3. 教学方法创新

不断创新教学方法，采用问题导向、案例分析、团队协作等灵活多样的方式。通过组织创新创业比赛、企业沙龙等形式，搭建学生与实际应用联系紧密结合的平台，提升他们的创新创业实践能力。

4. 教师培训与发展

加强教师培训，提高教师的创新创业教育水平。通过参与创新创业项目、行业研究等方式，让教师更好地了解创新创业领域的动态，将实际经验融入教学中，激发学生的学习兴趣。

（五）社会责任的理念

创新创业教育体系建设应当秉持社会责任的理念。学校作为社会的一部分，要为社会培养更多创新创业人才，推动社会进步和可持续发展，具体实践如下。

1. 社会服务项目

通过组织学生参与社会服务项目，解决实际社会问题，使学生在社会服务的过程中培养创新创业的精神。可以与社区、公益组织等合作，为学生提供更多参与社会服务的机会。

2. 社会企业合作

积极开展社会企业合作，将学校的创新资源与社会企业需求对接。通过与社会企业共同开展创新创业项目，为学生提供实践机会的同时，为社会企业提供人才支持。

3. 创新创业普及教育

扩大创新创业教育的覆盖面，普及创新创业知识。可以通过开设公开课、举办创新创业讲座等形式，将创新创业的理念传递给更多的学生和社会成员，推动整个社会的创新创业发展。

创新创业教育体系建设的指导理念应当紧密贴合时代发展和学生需求，以学生为中心、实践导向、开放协同、持续创新和社会责任为核心理念。通过这些理念的指导，学校可以更好地构建适应未来社会发展的创新创业教育

体系，培养更多具备创新创业能力的优秀人才，为社会的进步和发展作出积极贡献。创新创业教育体系建设的指导理念将推动高校教育不断迭代，适应快速变化的社会和产业环境。

在这一过程中，高校需要积极引导学生发展创新创业的兴趣和能力，将实践导向融入教育的方方面面。通过建设创新创业实践基地、创业导师制度、开展产学研合作等手段，使学生在真实的创业环境中获得经验，培养创新思维和实际操作能力。同时，学校还需要关注个体差异，为学生提供个性化的发展规划和支持，让每个学生都能在创新创业教育中找到适合自己的路径。

开放协同的理念将推动高校与企业、社会组织、政府等多方建立紧密联系，形成创新创业的生态系统。通过产学研结合、多元合作模式、制定激励政策等手段，实现内外部资源的共享，为学生提供更多的创新创业机会。在这一过程中，高校不仅能够更好地适应产业发展需求，还能为企业提供创新创业人才，促进双方的共同发展。

持续创新的理念要求高校始终保持对创新创业教育的关注和调整。通过设置面向未来的课程、应用教育科技手段、教学方法创新、教师培训与发展等手段，不断提高创新创业教育的水平，使其始终保持领先地位。这需要高校具备灵活的机制和敏锐的洞察力，能够迅速对社会、行业的变化做出反应，调整教育内容和形式。

最后，社会责任的理念将高校的创新创业教育扩展到社会层面。通过参与社会服务项目、与社会企业合作、普及创新创业知识等方式，高校可以更好地履行社会责任，为社会培养更多具备创新创业能力的人才，促进社会的可持续发展。

总体而言，创新创业教育体系建设的指导理念应当是多元的、开放的、注重实践的、持续创新的且具备社会责任感的。这一理念将为高校提供有力的指引，使创新创业教育更好地满足学生、社会和产业的需求，推动高等教育的不断发展。

二、基本原则对高校创新创业教育的指导作用

高校创新创业教育作为适应时代需求的重要组成部分，需要在一系列的指导原则下，实现对学生全面素质的培养，培养他们具备创新创业的能力。

以下将探讨高校创新创业教育的基本原则，以及这些原则对教育体系的指导作用。

（一）全面发展的原则

全面发展的原则要求高校创新创业教育应关注学生的各个方面，包括知识水平、实践能力、创新思维、团队协作等。这一原则的指导作用主要体现在以下几个方面。

1. 个性化培养

全面发展原则强调学生个体差异，注重个性化培养。在创新创业教育中，学校应根据学生的兴趣、特长、发展潜力等因素，制订个性化的培养计划。通过提供多样化的选修课程、实践项目和导师指导，确保每个学生都能够全面发展，培养自己的独特优势。

2. 多元评价体系

全面发展原则要求建立多元化的评价体系，综合考量学生在不同方面的表现。除了学术成绩，还需要评估学生在创新创业项目中的参与度、实践能力、团队协作等综合素养。多元评价体系有助于更全面地了解学生的发展状况，为其提供有针对性的反馈和指导。

3. 跨学科交叉培养

全面发展原则倡导跨学科的教育模式，培养学生具备多领域的知识和技能。创新创业往往涉及多个学科领域的交叉，因此，高校应鼓励学生跨专业选修课程、参与跨学科的创新项目。这有助于培养学生更广泛的视野和跨界合作的能力。

（二）实践导向的原则

实践导向的原则强调理论与实践的结合，将知识应用于实际问题的解决过程。这一原则对高校创新创业教育有着深远的指导作用，具体如下。

1. 创业导师制度

实践导向原则倡导建立创业导师制度，即邀请有实际创业经验的导师为学生提供指导。导师可以传授实用的创业知识，分享创业经验，帮助学生更

好地理解创业过程。通过与创业导师的深度互动，学生能够在实践中更快地成长，提高实际操作的能力。

2. 实际项目参与

实践导向原则要求将实际项目纳入创新创业教育的课程设置。通过参与实际项目，学生可以将理论知识应用到实际中，锻炼解决实际问题的能力。这种实际项目的参与有助于培养学生的实践操作技能，增加其创新创业的实际经验。

3. 创业实训基地

实践导向原则倡导建设创业实训基地，为学生提供真实的创业环境。创业实训基地可以是学校内部的孵化器，也可以是与企业合作的实训基地。学生在这样的环境中，能够深刻体验创业的全过程，包括市场调研、商业计划编制、团队协作等各个方面。

4. 行业对接项目

实践导向原则鼓励学校与行业深度对接，开展行业对接项目。这些项目可以是与企业合作的实践项目，也可以是学校主导的研究项目。通过与行业对接，学生能够更好地了解行业发展趋势、市场需求，为将来的创业奠定更加实际的基础。

（三）开放协同的原则

开放协同的原则强调学校与外部社会资源的合作与共享，这一原则对高校创新创业教育的指导作用主要体现在以下几个方面。

1. 产学研结合

开放协同原则要求建立起学校、产业界和科研机构之间的紧密联系，实现产学研的深度结合。学校可以通过与企业签订合作协议，将学科知识与实际应用有机结合。这种结合有助于确保创新创业教育紧跟产业发展的步伐，培养更加符合市场需求的人才。

2. 创新创业生态圈建设

开放协同原则倡导构建创新创业生态圈，形成学校、企业、政府、投资机构等多方合作的良好环境。通过建立创新创业园区、孵化器等平台，促进校内外资源的交流与合作，为学生提供更广泛的创新创业机会。这样的生

态圈能够为学生提供更多的创新创业支持，帮助他们更好地发展自己的创业项目。

3. 制定激励政策

开放协同原则要求学校制定激励政策，激发教师和学生参与创新创业教育的积极性。可以通过设立创新创业奖励计划、提供创业支持基金等方式，鼓励教师参与创新创业项目的指导和学生参与创业实践。这种激励机制能够促进更多的人才投身到创新创业教育事业中，推动整个教育体系的发展。

4. 多元合作模式

开放协同原则倡导建立多元化的合作模式，包括与不同领域企业、社会组织、政府机构等的合作。学校可以与创投机构合作，引入外部投资支持学生创业项目；与企业共建实习基地，提供更多实践机会；与政府合作，争取政策支持和创新创业政策倾斜。这样的多元合作有助于为学生提供更丰富的资源，促进创新创业教育的全面发展。

（四）持续创新的原则

持续创新的原则要求高校始终保持对创新创业教育的关注和调整，这一原则对高校创新创业教育的指导作用主要表现在以下几个方面。

1. 面向未来的课程设置

持续创新原则要求高校定期调整创新创业课程，以适应未来社会和产业的发展趋势。学校需要不断关注新兴技术、前沿领域的发展，引入最新的知识和理论。通过面向未来的课程设置，使学生能够在学习中紧跟时代潮流，为未来的创新创业做好准备。

2. 教育科技的应用

持续创新原则鼓励学校积极应用教育科技手段，提高创新创业教育的效果。可以利用在线教育平台、虚拟实验室等工具，拓展学生的学科知识面，提供更灵活的学习方式。通过教育科技的应用，可以实现更个性化、高效的教学模式，满足学生多样化的学习需求。

3. 教学方法创新

持续创新原则要求高校不断创新教学方法。创新创业教育注重培养学生的创新思维和实际操作能力，因此，学校可以采用问题导向、案例分析、团

队协作等灵活多样的教学方法。通过不同的教学方式，激发学生的学习兴趣，帮助他们更好地掌握创新创业的核心能力。

4. 教师培训与发展

持续创新原则强调加强教师培训与发展，提高教师的创新创业教育水平。教师是创新创业教育的重要推动者，他们需要不断更新自己的知识储备，了解创新创业领域的最新动态。通过参与创新创业项目、行业研究等方式，让教师更好地融入实际经验，为学生提供更丰富的学科知识和实践经验。

（五）社会责任的原则

社会责任的原则要求高校将创新创业教育扩展到社会层面，为社会培养更多具备创新创业能力的人才。这一原则对高校创新创业教育的指导作用主要表现在以下几个方面。

1. 社会服务项目

社会责任原则鼓励学校通过组织学生参与社会服务项目，解决实际社会问题。学生在服务社会的过程中，可以运用所学的创新创业知识，将理论与实践相结合，培养解决实际问题的能力。学校可以与社区、公益组织等建立合作关系，通过社会服务项目促使学生深度融入社会，从而培养他们的社会责任感。

2. 社会企业合作

社会责任原则强调积极开展社会企业合作。与社会企业的合作可以为学生提供更具实际应用价值的创新创业机会。学校可以与社会企业共同开展创新创业项目，学生在与真实企业的合作中能够更好地理解市场需求，锻炼实际操作技能，同时为社会企业提供人才支持，促进社会企业的可持续发展。

3. 创新创业普及教育

社会责任原则倡导通过开设公开课、举办创新创业讲座等方式，将创新创业的理念传递给更多的学生和社会成员。高校可以开放部分创新创业课程，吸引更多非创新创业专业的学生参与。同时，通过邀请成功创业者、专业人士分享经验，将创新创业的思维和方法传播到更广泛的社会中，推动整个社会对创新创业的认知和发展。

高校创新创业教育的基本原则包括全面发展、实践导向、开放协同、持续创新和社会责任，这些原则相互交织，共同构建了一个全面、实践导向、

开放协同、不断创新且具备社会责任的创新创业教育体系。这一体系有助于培养学生全面发展的能力，使其具备实际应用知识的能力，激发创新创业的思维，促进校内外资源的共享与合作，不断适应社会和产业的发展趋势，最终为社会培养更多具备创新创业能力的人才，推动整个社会的创新创业发展。

在实践中，高校应根据自身特点和发展阶段，结合社会需求和学生特点，灵活运用这些基本原则，不断完善创新创业教育体系。通过创新创业教育的不断发展，高校将更好地履行社会责任，培养更多有创新精神、实践能力的人才，为社会进步和可持续发展作出积极贡献。

第二节　创新创业教育体系的基本框架与内容

一、教育体系的层次与结构

教育是社会发展的基石，教育体系作为一个系统性的组织结构，涵盖了从学前教育到高等教育、终身教育等各个层次和方面。以下将深入探讨教育体系的层次与结构，分析其组成要素、层级关系，以及不同层次之间的联系，以期全面理解并促进教育体系的优化和发展。

（一）教育体系的基本层次

1. 幼教体系

幼儿教育是教育体系的最基层，面向 0～6 岁的儿童。主要包括幼儿园和托儿所等机构。幼教体系的目标是促进儿童全面发展，包括身体、智力、语言、社会情感等方面的发展。教育内容注重启蒙阶段的基础知识、生活技能和社交能力的培养。

2. 基础教育体系

基础教育体系是教育的第二个层次，主要包括小学、初中和高中等阶段。这个层次的教育旨在为学生提供扎实的学科基础，培养综合素质，为其未来的职业和高等教育做好准备。基础教育体系通常分为初等教育、中等教育两个阶段，内容逐渐加深，涵盖更多学科和技能。

3. 高等教育体系

高等教育体系是教育体系的最高层次，包括大学和研究机构。这个层次的教育注重学科专业知识的深度研究和综合能力的培养，旨在培养专业人才和高级科研人员。高等教育体系通常包括本科、硕士和博士等不同层次，为学生提供更广泛、更深入的学科选择和发展空间。

（二）教育体系的结构

1. 学科结构

教育体系的学科结构是指在各个教育层次上，涵盖的学科领域和专业设置。在基础教育体系中，学科结构通常包括语文、数学、自然科学、社会科学等基础学科，随着学生年级的升高，学科结构逐渐分化为文科、理科等方向。而在高等教育体系中，学科结构更为复杂，涵盖了人文学科、社会科学、自然科学、工程技术等多个大的学科门类，每个门类下有众多专业供学生选择。

2. 层次结构

教育体系的层次结构是指各个层次之间的递进关系和衔接方式。例如，基础教育体系中小学、初中及高中的衔接，需要确保学生能够顺利过渡，学科内容的递进性和深度也需要有序推进。而高等教育体系的层次结构则涉及到本科、硕士、博士等学位层次的衔接，以及从本科到研究生的知识深度和研究能力的递进过程。

3. 课程结构

教育体系的课程结构包括各个学科的课程设置和教学内容。在基础教育体系中，课程结构需要根据学生年龄、认知水平和兴趣爱好等因素，设置符合其成长特点的课程。在高等教育体系中，课程结构则涉及到专业课程和综合素质课程的安排，以及实践教学和实习环节的设置。

（三）教育体系的组成要素

1. 教育机构

教育体系的组成要素之一是各类教育机构，包括幼儿园、小学、中学、大学等。这些机构是教育体系的实施主体，负责具体的教学工作。各级各类

教育机构之间需要有有效的管理和协同机制，以确保学生在不同阶段能够平稳过渡、全面发展。

2. 教育师资

教育师资是教育体系的核心要素之一。教师在教育中担任着知识传授、引导学生发展、培养学生综合素质的重要角色。教育体系的质量和效果很大程度上依赖于教师的素质和水平。因此，教育体系需要建立完善的师资培训机制，提升教师的教育水平和专业素养。同时，要注重引入和培养优秀的教育人才，确保教育体系的可持续发展。

3. 课程和教材

课程和教材是教育体系的教学内容基础。设计合理的课程和优质的教材能够有效地传递知识，引导学生学会学习，培养其创新和实践能力。因此，教育体系需要建立科学的课程设置机制，不断更新和完善教材，以适应社会发展的需要，满足学生的个性化学习需求。

4. 评价和考核体系

评价和考核体系是教育体系的质量保障机制。通过科学、公正的评价和考核，能够客观地反映学生的学业水平和发展状况，也有助于激励学生努力学习。教育体系需要建立多元化的评价和考核手段，包括考试、作业、实践项目、综合评价等，以全面了解学生的能力和潜力，为其个性化发展提供支持。

5. 管理和服务机构

管理和服务机构是教育体系的支撑系统。教育体系需要建立健全的管理机构，包括学校管理层、教务处、学科组织等，负责教育资源的配置、教学计划的制订、师资队伍的管理等方面的工作。同时，服务机构则包括学生事务、心理健康服务、就业指导等，为学生提供全方位的支持和服务。

（四）不同层次之间的联系与衔接

1. 幼教与基础教育的衔接

幼教体系与基础教育体系的衔接是教育体系中一个重要的过渡环节。幼儿教育为孩子的基础发展奠定了基础，而基础教育需要接纳这些儿童，引导他们进入正规的学科学习。在这个过程中，需要建立良好的信息沟通机制，确保老师之间、学科之间的信息衔接，帮助孩子顺利过渡到基础教育阶段。

2. **基础教育与高等教育的衔接**

基础教育体系与高等教育体系的衔接关系密切。高等教育需要吸收基础教育阶段培养出的学生，并在其专业知识和实践能力上进行深入培养。因此，基础教育需要为学生提供扎实的学科基础和综合素质，以便他们在高等教育中更好地适应专业学习和科研要求。

3. **不同层次之间的资源共享**

教育体系中不同层次之间的资源共享对整体发展至关重要。高等教育机构可以通过与基础教育合作，建立实习基地、科研项目等合作机制，为基础教育提供实践机会和先进的教育理念。基础教育也可以与高等教育机构合作，引入高校专家资源，提升教师水平，为学生提供更广阔的学科选择和发展方向。

（五）教育体系面临的挑战与未来发展趋势

1. **技术创新与教育融合**

随着科技的不断发展，教育体系正面临着技术创新与教育融合的挑战。信息技术、人工智能等新兴技术的应用，正在改变传统的教学方式和教育模式。未来，教育体系需要更好地融入技术创新，发挥数字化教育的优势，提高教学效果和学习体验。

2. **个性化与终身学习**

教育体系的未来发展趋势之一是个性化教育和终身学习的推动。个性化教育注重根据学生的兴趣、能力和学习风格制订个性化的教育计划，满足学生不同的学习需求。终身学习强调在整个人生过程中持续学习，适应社会变革和职业发展的需要。为了实现个性化与终身学习，教育体系需要加强课程的差异化设置，提供更多的选修课程和学科组合，满足学生个性发展的需求。同时，建立完善的继续教育体系，为社会各个阶层的人提供更多学习机会，使其能够随时随地获取新知识、提升技能。

3. **国际化与全球竞争**

随着全球化的发展，教育体系需要更好地适应国际化和全球竞争的趋势。这意味着在教育内容和方法上需要更广泛地融入国际化元素，培养具有跨文

化沟通能力和全球竞争力的人才。教育体系需要加强与国际教育机构的合作，引入国际化的教育资源和先进的教育理念，提高学生的国际视野和竞争力。

4. 社会责任与可持续发展

教育体系在未来的发展中需要更加强调社会责任和可持续发展。这包括培养具有社会责任感的公民，关注社会问题，积极参与社会实践和公益活动。同时，教育体系也需要关注环境可持续性，推动教育资源的合理利用和生态环境的保护，培养学生具备可持续发展的意识和行动力。

教育体系作为社会发展的基石，其层次与结构的设计关系到国家的未来发展和人才培养的质量。在面对不断变化的社会和科技环境时，教育体系需要不断调整和优化，适应新的挑战和需求。通过建立科学的课程设置、优质的教育资源、多元的评价体系，以及加强与社会各界的合作，教育体系能够更好地满足学生的个性化需求，培养更全面、具有创新精神的人才，为社会的进步和可持续发展作出积极贡献。在未来，教育体系还需更加注重技术创新与教育融合、个性化与终身学习、国际化与全球竞争、社会责任与可持续发展等方面的发展，以适应不断变化的时代潮流，为培养更优秀的人才做出更大的努力。

二、创新创业核心课程体系的构建

随着社会经济的快速发展和科技进步，创新创业成为推动经济增长和社会进步的重要力量。为了培养创新型人才，各级教育机构越来越重视创新创业教育。构建创新创业核心课程体系是培养创新创业人才的关键环节。以下将探讨创新创业核心课程体系的构建，包括核心理念、主要课程内容、教学方法等方面的要素。

（一）创新创业核心课程体系的理念

1. 创新创业教育的基本理念

创新创业教育的基本理念是培养学生具备创新思维、创业精神和实际操作能力，使其在面对未知挑战时能够灵活应对，勇于创新，并具备创业的胆识和实践经验。创新创业核心课程体系应当贴近这一基本理念，注重培养学生的实际动手能力、团队协作能力和解决问题的能力。

2. **跨学科融合的理念**

创新创业不仅是某一学科的事务，而是需要跨足多个领域的综合能力。因此，创新创业核心课程体系应当倡导跨学科融合的理念，将管理学、工程学、信息技术、市场营销等多个学科的知识有机结合，培养学生跨领域思考和解决问题的能力。

3. **实践导向的理念**

创新创业是实践性极强的领域，理论知识的灌输远远不如实际操作来得有效。创新创业核心课程体系应当强调实践导向的理念，通过实际项目、企业合作、创业实践等形式，使学生能够在实践中不断积累经验、提升技能。

（二）创新创业核心课程体系的主要课程内容

1. **创新思维与创意发展**

创新创业核心课程体系第一部分的内容应当是培养学生的创新思维和创意发展能力。这包括创新的基本原理、创意的方法与技巧、解决问题的思考方式等。通过课程的设计，学生能够逐渐形成敢于挑战传统、勇于创新的思维模式。

2. **创业基础知识与商业模式**

创新创业核心课程体系需要覆盖创业的基础知识和商业模式的构建。这包括市场分析、竞争对手分析、创业计划书的撰写等内容。学生需要了解创业的基本流程，熟悉不同行业的商业模式，培养对市场的洞察力和判断力。

3. **创投与融资策略**

创新创业不仅需要创意和计划，还需要资金的支持。因此，创新创业核心课程体系应当涵盖创投和融资策略的内容，使学生了解不同的融资途径及投资者的需求，培养与投资者有效沟通的能力。

4. **创业实践与项目管理**

实践是创新创业教育的灵魂，创新创业核心课程体系需要包含创业实践和项目管理的课程。学生可以通过参与实际项目，了解团队协作、资源管理、时间规划等方面的技能，提升实际操作的经验。

5. **创新创业法律与知识产权**

创业涉及到法律、知识产权等多个方面的法规和规定，学生需要了解创

新创业法律的基本知识，以及如何保护自己的创新成果。这一部分的课程有助于学生在创业过程中规范自己的行为，防范法律风险。

6. 创新创业伦理与社会责任

创新创业核心课程体系还应当包含有关创新创业伦理与社会责任的课程。通过探讨创业中的伦理问题，引导学生在创新创业中保持良好的道德品质。同时，关注社会责任，培养学生在创业过程中关心社会、回馈社会的观念。

（三）创新创业核心课程体系的教学方法

1. 项目驱动教学

创新创业核心课程体系的教学方法应当以项目驱动为主。项目驱动教学是一种注重实践、强调问题解决和团队合作的教学方法。通过让学生参与真实的创业项目，他们能够在实践中应用所学知识，培养实际解决问题的能力。项目驱动教学也有助于学生在团队中合作，模拟创业环境，增强沟通协作能力。

2. 案例分析与讨论

通过案例分析与讨论的教学方法，学生能够从实际的创新创业案例中学到经验和教训。教师可以选取成功创业和失败创业的案例，让学生深入分析其中的因果关系、创业者的决策过程，通过讨论形成对创业的深刻理解。

3. 创业导师指导

创业导师的指导是一种高效的教学方法。导师可以是成功创业者、产业专家或企业家。通过与导师的交流与指导，学生能够获取实际的创业经验和实用的建议，提升创业实践的水平。

4. 创业实训与实习

创业实训和实习是创新创业核心课程体系中不可或缺的一环。通过实际的创业实训和实习，学生可以在真实的商业环境中进行实践，学习创业的各个环节，增加实践经验，提高应对实际挑战的能力。

5. 团队合作与竞争

创新创业核心课程体系应该注重培养学生的团队合作与竞争意识。通过团队项目、团队作业等形式，培养学生团队协作的能力。同时，模拟竞争环境，激发学生的创新激情，使其在激烈的市场竞争中具备竞争力。

（四）创新创业核心课程体系的评估与改进

1. 评估方式

创新创业核心课程体系的评估应该突出实践和能力的考察。除了传统的考试和论文评估外，还可以采用以下方式进行评估。

项目评估：对学生完成的创业项目进行评估，包括项目的可行性、市场潜力、商业模式等方面。

实际操作评估：对学生在实际操作中的表现进行评估，包括团队协作、项目管理、创业计划的执行等方面。

创业导师评估：创业导师对学生的指导和学生在导师指导下的创业实践进行评估，反映学生在导师指导下的学习和成长情况。

2. 持续改进

创新创业核心课程体系应该保持灵活性，定期进行评估和改进。可以通过以下方式实施持续改进。

学生反馈：定期收集学生对课程的反馈意见，了解学生的实际需求和感受，及时做出调整。

产业对接：与产业界保持密切联系，了解行业发展趋势和用人需求，及时调整课程内容和教学方法。

教师培训：为教师提供创新创业领域的培训和进修机会，保证教师的专业水平和教学质量。

课程更新：定期更新课程内容，紧跟时代发展步伐，引入新的案例和实践经验，保证课程的前沿性和实用性。

三、创新创业教育实践平台的搭建

随着创新创业教育的重要性日益凸显，建立一个有效的创新创业教育实践平台成为推动学生创新思维和实践能力的重要途径。以下将探讨创新创业教育实践平台的搭建，包括平台的设计原则、关键要素、运营模式，以及案例分析等方面。

（一）创新创业教育实践平台的设计原则

1. 学生参与性原则

创新创业教育实践平台应强调学生的参与性，让学生从被动的知识接收

者转变为主动的实践者。平台设计要充分考虑学生的兴趣、能力和专业背景，提供多样化的实践项目和机会，激发学生的创新热情。

2. 跨学科融合原则

平台应促进不同学科的融合，将管理学、工程学、信息技术、市场营销等多个学科的知识有机结合。通过跨学科的合作，学生可以在更广泛的领域中获取知识，培养综合性的创新能力。

3. 实践导向原则

实践是创新创业教育的核心，平台的设计应强调实践导向，通过实际项目、企业合作、创业实践等形式，使学生能够在实践中不断积累经验、提升技能。

4. 创业生态原则

平台搭建时要考虑创业生态的形成，与企业、创投机构、创业导师等建立紧密的合作关系。这有助于学生更好地融入创业生态系统，获取实际的创业经验，增加与实际创业环境的接触。

（二）创新创业教育实践平台的关键要素

1. 创业实践项目

创新创业教育实践平台的核心要素之一是创业实践项目。这些项目可以来自产业需求、学生创意或与企业的合作。学生通过参与创业实践项目，能够在实践中学到创业的各个环节，锻炼实际解决问题的能力。

2. 创业导师团队

一个强大的创业导师团队是平台成功的关键。导师可以包括成功创业者、产业专家或企业家，他们能够给学生提供实际的创业经验、行业洞察和实用的建议。导师的指导可以帮助学生更好地理解创业过程，提高创业实践水平。

3. 创业培训课程

提供系统的创业培训课程是平台的重要组成部分。这些课程可以涵盖创业基础知识、商业模式、创投与融资策略、创业法律与知识产权等方面。通过培训课程，学生可以系统性地学习创业知识，提高创业素养。

4．创新创业竞赛

组织创新创业竞赛是激发学生创新创业热情的有效手段。通过竞赛，学生能够将理论知识应用到实践中，锻炼团队协作和项目管理能力。竞赛还可以为学生提供展示自己创新成果的平台，吸引更多关注和支持。

5．实验室和创客空间

为学生提供创新创业实验室和创客空间是创业教育实践平台的重要因素。这些空间可以用于学生的实际项目实践、创意设计和原型制作。实验室和创客空间应该配备先进的设备和技术支持，为学生提供良好的创新创业环境。

6．创业生态合作伙伴

与企业、创投机构、政府部门等建立良好的合作伙伴关系对于平台的成功至关重要。通过与合作伙伴的深度合作，学生能够更好地融入创业生态系统，获取更多的实际创业机会和资源。

（三）创新创业教育实践平台的运营模式

1．学生社团与团队

建立创新创业学生社团和团队是实践平台的重要组成部分。学生社团可以促进学生之间的交流与合作，组建创新团队进行项目实践。社团和团队的建设可以培养学生的团队协作精神，激发创新创业的热情。

2．创业讲座与论坛

举办创业讲座和论坛是为学生提供创业导师指导和业界专家经验和见解的途径。这有助于学生了解行业趋势、创新创业的最新动态，拓宽视野，同时也为导师和专家提供与学生交流的机会。

3．创新创业网络平台

搭建在线的创新创业网络平台是为了促进学生之间、学生与导师之间的信息共享和沟通。这个平台可以包括项目招募、导师资源、创业课程等信息，为学生提供更广泛的学习和合作机会。

4．产业对接与合作

平台应该积极与产业界进行对接与合作，将创新创业项目与实际产业需

求相结合。与企业、创投机构及政府合作，为学生提供更多的实际创业机会，使他们能够更好地融入创业生态系统。

5. 创新创业孵化器

设立创新创业孵化器是实践平台的延伸，为优秀的创业项目提供更多支持。孵化器可以提供办公空间、导师指导、投资对接等服务，帮助学生更好地将创业项目转化为实际的商业实体。

（四）创新创业教育实践平台的案例分析

1. 麻省理工学院创业生态系统

MIT 在创业教育领域拥有强大的生态系统，为学生提供丰富的创业课程、创业实践项目、创投对接等资源，学生通过参与项目、创业比赛等形式，得到全方位的创业培训和支持。

2. 斯坦福大学创业生态系统

斯坦福大学的创新创业生态系统涵盖了创业教育、孵化器、技术转移等多个方面。其中，斯坦福科技创业计划（STVP）为学生提供创业课程，Stanford StartX 创业孵化器则提供实际的支持，帮助学生将创意转化为实际项目。

3. 清华大学创新创业平台

清华大学建立了清华大学创新创业教育平台，该平台包括清华 x-lab 实践基地、清华大学 TusPark 孵化器等。平台提供创业实践项目、导师指导、孵化器服务，为学生提供全方位的创新创业支持。

（五）创新创业教育实践平台的评估与改进

1. 评估指标

创新创业教育实践平台的评估指标应包括学生的创新创业成果、参与率、成功创业团队数量、创业项目的实际转化率等。同时，还可以通过学生的反馈、导师的评价及与企业的合作情况等方面进行评估。

2. 持续改进

平台应基于评估结果实施持续改进。可以通过定期组织专题研讨会、开展教师培训、更新创业课程内容、加强与企业合作等方式，不断提升平台的教育质量和服务水平。

创新创业教育实践平台的搭建是为了促进学生创新思维和实践能力的全面发展。通过遵循学生参与性、跨学科融合、实践导向、创业生态等设计原则，整合创业实践项目、创业导师团队、创业培训课程等关键要素，采用学生社团与团队、创业讲座与论坛、创新创业网络平台等多种运营模式，平台可以成为培养创新创业人才的重要场所。通过案例分析，可以看到一些世界著名高校已经成功搭建了强大的创新创业生态系统，为学生提供了广泛的创业资源和支持。在评估与改进方面，平台应关注学生的创业成果、参与度等指标，通过持续的改进机制，不断提升平台的教育质量和实效性。

创新创业教育实践平台的建设需要注重与社会、产业界的深度合作。通过与企业、创投机构和政府合作，实现创新创业教育与实际产业需求的紧密对接。这种合作可以为学生提供更多实际的创业机会、资源支持和行业洞察，有助于学生更好地融入创业生态系统。

此外，平台的运营过程中应注重灵活性和持续创新。随着社会、科技的不断发展，创新创业领域也在不断变化。平台需要定期进行评估，关注行业趋势和学生需求的变化，及时调整课程设置、实践项目和运营模式，保持平台的活力和前瞻性。

在评估与改进方面，平台可以建立多维度的评估体系。除了关注学生的创业成果和参与度，还可以通过学生的反馈、创业导师的评价、与企业的合作情况等多个方面进行综合评估。通过不同层面的反馈，平台可以更全面地了解自身的优势和不足，有针对性地进行改进和提升。

第三节　大学生多维创新创业教育体系建设

一、多维度教育体系的优势与特点

多维度教育体系是一种综合考虑个体差异、发展需求和多元智能的教育模式。与传统的单一维度教育相比，多维度教育体系更加注重个性化发展，充分考虑学生在认知、情感、社交等方面的多样性。在这篇文章中，笔者将探讨多维度教育体系的优势与特点，并从认知发展、情感智慧、社会互动和创新能力等方面进行详细阐述。

（一）认知发展

多维度教育体系首先在认知层面上具有明显的优势。它不仅关注传统学科知识的传授，更注重培养学生的综合素养。通过开展跨学科的教学活动，帮助学生建立更为全面的知识体系，培养跨领域思维和解决问题的能力。这有助于学生更好地适应未来社会对综合素养的需求，提高其终身学习的能力。

在认知发展方面，多维度教育体系还注重培养学生的批判性思维和创造性思维。通过引入问题解决、项目驱动等教学方法，激发学生的思考和创新能力。这种培养方式有助于学生在面对未知挑战时更具应变能力，培养出更具创造性的人才。

（二）情感智慧

多维度教育体系在情感智慧方面也具备独特的优势。传统教育往往忽略了学生的情感需求，而多维度教育则更加注重培养学生的情感智慧。通过情感教育、心理辅导等手段，帮助学生更好地理解自己的情感，培养情感管理和沟通能力。

在多维度教育体系中，注重学生的情感体验，鼓励表达和分享，有助于建立良好的师生关系和同学关系。这种积极的情感体验有助于学生更好地融入学校环境，增强对学校的归属感，有利于学生的全面发展。

（三）社会互动

多维度教育体系强调社会互动的重要性。通过小组合作、社区服务等形式，培养学生的团队合作能力和社会责任感。这有助于学生更好地适应社会生活，培养良好的人际关系和团队协作能力。

在社会互动方面，多维度教育体系还注重培养学生的跨文化沟通能力。面对全球化的挑战，培养具有跨文化意识和沟通技能的学生变得尤为重要。多维度教育通过国际交流、多语言培养等方式，提升学生的国际竞争力。

（四）创新能力

多维度教育体系对创新能力的培养有独到之处。传统教育往往侧重知识

的灌输，而多维度教育更注重培养学生的创新精神。通过项目驱动、实践活动等手段，激发学生的创新思维和实际动手能力。

在创新能力方面，多维度教育体系也注重培养学生解决问题的能力。通过真实场景的模拟和实践，培养学生分析问题、提出解决方案的能力，使其具备在实际工作中创造价值的能力。

（五）个性化发展

多维度教育体系最大的特点之一是个性化发展。它充分考虑了每个学生的差异性，通过差异化教学、个性化指导等方式，满足每个学生的学习需求。

在个性化发展方面，多维度教育体系注重挖掘和培养学生的特长。通过充分发掘学生在艺术、体育、科技等领域的天赋，为其提供相应的培训和支持，使其在特长领域取得更好的发展。

（六）结语

总体而言，多维度教育体系在认知发展、情感智慧、社会互动和创新能力等方面都具有显著的优势。它更符合现代社会对人才的要求，培养更具综合素养和创新能力的学生。然而，要实现多维度教育的目标，需要教育机构、教师和家长的共同努力，共同为学生提供更为全面的教育支持。希望未来教育能够更加注重个性化发展，真正实现每个学生的全面发展。在实施多维度教育体系的过程中，需要教育者关注以下几个方面，以确保其有效性和可持续性。

1. **教育者的角色转变**

多维度教育体系要求教育者从传统的知识传授者转变为引导者和激励者。教育者需要更加灵活地应对学生的个体差异，发现并激发他们的潜力。此外，教育者还需具备跨学科知识，能够设计和实施多样化的教学活动，促使学生在多个领域得到全面发展。

2. **个性化教学和评估**

多维度教育体系的核心理念之一是个性化发展。因此，教育者需要采用不同的教学方法和评估方式，以满足不同学生的学习需求。灵活的评估方法，

如项目作业、实践考核等，能够更全面地反映学生的能力和潜力，促使其在多个层面都有所提高。

3. 跨学科融合

为了实现多维度的发展，教育体系需要打破学科的界限，进行跨学科的融合。通过设计融合性的课程和项目，促使学生在不同领域间建立联系，培养他们的综合思维能力。跨学科的学习体验有助于学生更好地理解知识之间的关联，培养跨领域的综合素养。

4. 情感教育和心理支持

多维度教育体系注重学生的情感智慧和心理健康。因此，学校需要提供情感教育课程，帮助学生认识和管理自己的情感，培养积极的情感态度。同时，建立心理支持体系，为学生提供必要的心理辅导和支持，确保他们在面对挑战时能够保持心理健康。

5. 社会合作与实践

多维度教育体系鼓励学生参与社会合作与实践活动，以提升其社会互动和实际问题解决能力。学校可以与社区、企业建立合作关系，为学生提供参与实际项目的机会。这样的实践经验不仅有助于学生将理论知识应用于实际，还能够培养其团队协作和沟通技能。

6. 创新教育和科技应用

多维度教育体系应当结合创新教育理念和科技手段。引入创新教学方法，如设计思维、问题解决教学等，激发学生的创新潜能。同时，运用先进的科技手段，如虚拟现实、在线学习平台等，丰富学生的学习体验，拓宽其学科视野。

7. 家校合作

多维度教育体系的实施需要学校与家庭的密切合作。学校应当与家长保持沟通，了解学生在学校外的情况，共同制订个性化的发展计划。家庭成员也应当积极支持学生的学习和发展，鼓励他们参与多样化的活动，促使其在学校和家庭两个环境中都能够得到支持和关爱。

在实施多维度教育体系的过程中，需要克服一些挑战，如资源不足、教育观念的转变等。但是，通过共同的努力和逐步的改进，多维度教育体系将

能够更好地满足学生多样化的发展需求，培养更具创新力和综合素养的未来人才。

二、各维度在培养大学生创新创业能力中的作用

大学生创新创业能力的培养需要综合考虑多个维度，涉及认知、技能、情感、社会互动等多个层面，以下将深入探讨各维度在培养大学生创新创业能力中的作用。

（一）认知维度

1. 学科知识

学科知识是大学生创新创业的基石。深厚的学科知识为创业提供了理论支持和实践指导。大学教育应注重学科专业知识的传授，培养学生在特定领域的深度思考和解决问题的能力。

2. 跨学科思维

创新创业往往需要跨越不同领域的知识，跨学科思维能力使大学生能够更好地整合各类知识资源，促进创新的发生。培养跨学科思维需要开设跨学科课程、组织学术交流等，使学生在不同学科领域中有全面的认知。

3. 创新思维

创新思维是培养大学生创新创业能力的核心。学校可以通过开设创新思维课程、组织创意竞赛等方式，引导学生突破传统思维模式，激发他们的创造潜能。

（二）技能维度

1. 创业技能

创业技能包括市场调研、商业计划撰写、团队管理等方面的能力。学校可以通过实践课程、模拟创业项目等方式培养学生的创业技能，使他们在创业过程中能够更加得心应手。

2. 技术应用能力

在科技日新月异的时代，技术应用能力对于创新创业至关重要。学校可

以通过引入前沿技术课程、开展实验项目等方式，提高学生运用技术的能力，使他们在创新创业中具备更强的竞争力。

3. 团队协作技能

创新创业往往是团队合作的过程，团队协作技能对于成功创业至关重要。学校可以通过小组项目、团队实训等方式，培养学生在团队中的沟通协作、决策协商等能力。

（三）情感维度

1. 创业精神

培养学生的创业精神是情感维度的关键。学校可以通过创业讲座、创业导师制度等形式，激发学生的创业热情，使其在面对挑战时能够保持积极的态度。

2. 风险意识

创业伴随着不确定性和风险，培养学生的风险意识对于降低创业失败的可能性至关重要。学校可以通过案例教学、实地考察等方式，使学生更好地了解和应对创业中可能面临的风险。

3. 创业动力

创新创业需要强烈的内在动力，这种动力源于个体对未来的期望和对事业的热爱。学校应通过心理辅导、生涯规划等手段，帮助学生明确个人发展目标，激发创业的内在动力。

（四）社会互动维度

1. 创业网络

创业网络是指学生在创业过程中建立的人际关系网络。学校可以通过组织创业沙龙、企业参观等方式，帮助学生拓展创业网络，获取更多的资源和支持。

2. 社会责任感

培养大学生的社会责任感是社会互动维度的关键。学校可以通过社会实践、志愿活动等方式，使学生更好地理解社会问题，从而在创新创业过程中更具社会责任感。

3. 职业导向

学校可以通过开设职业规划课程、提供创业导师服务等方式，引导学生更好地理解自己的职业发展方向，使创新创业更加有针对性和可持续。

（五）创新教育与科技应用

1. 创新教育模式

学校可以通过创新教育模式，如项目驱动、问题解决教学等，提供更具实践性的教育体验，激发学生的创新潜能。创新教育模式能够培养学生的实际动手能力和问题解决能力。

2. 科技创新

科技应用在创新创业中发挥着巨大的作用。学校可以通过引入新技术、建设实验室等方式，促进学生在科技创新方面的发展。通过学科交叉与科技应用的结合，大学生能够更好地理解和运用前沿技术，提高在创新创业中的竞争力。

3. 创业孵化器与科技园区

学校可以建设创业孵化器和与科技园区合作，为学生提供创新创业的实际平台。在这些孵化器和园区中，学生可以接触到实际创业项目，与企业家和专业人士互动，获取实际的创业经验，推动创新创业能力的提升。

（六）个性化发展

1. 引导学生发现自己的兴趣和潜能

个性化发展的重点在于引导学生发现自己的兴趣和潜能。学校可以通过兴趣测试、职业规划指导等方式，帮助学生更好地了解自己的兴趣爱好和个人特长，为创新创业方向的选择提供有力支持。

2. 提供个性化的培训和指导

不同学生在创新创业方面可能有不同的需求和特长，因此，学校应提供个性化的培训和指导服务，包括专业课程、导师制度、实习机会等，以满足不同学生的个性化发展需求。

3. 鼓励多元化的创新方式

个性化发展也意味着鼓励多元化的创新方式。学校可以通过支持各种形

式的创新活动，如科研项目、社会实践、创意竞赛等，为学生提供展示个性和发挥特长的机会，培养更具个性化特色的创新创业人才。

在培养大学生创新创业能力的过程中，各个维度都起着不可或缺的作用。认知维度通过知识的传递和跨学科的融合，为创新创业提供了理论支持；技能维度通过培养实际操作能力和团队协作技能，使大学生更好地适应创业环境；情感维度通过激发创业激情、培养风险意识，增强了创业者的内在动力；社会互动维度通过建立创业网络、培养社会责任感，为创业者提供了外部支持和社会影响力。

同时，创新教育与科技应用的引入，为大学生提供了更先进的教育手段和技术支持，促使其更好地应对创新创业的挑战。个性化发展作为一种培养模式，强调每个学生的差异性和特点，使得创新创业教育更具有针对性和灵活性。

综合而言，通过全面覆盖认知、技能、情感和社会互动等多个层面的培养，结合创新教育与科技应用，以及个性化发展的理念，学校能够更有效地培养出具备创新创业能力的大学生，为他们未来的职业发展奠定坚实基础。这种全面而综合的培养模式将有助于培养更具创新力、实践能力和社会责任感的创业人才，推动社会经济的可持续发展。

三、综合体系对大学生综合素养的提升

综合体系在大学生综合素养提升中发挥着关键作用。综合素养是指个体在多个领域具备的综合能力，包括认知、技能、情感和价值观等方面。通过设计和实施综合体系，学校能够更全面、系统地促进大学生的综合素养发展。以下将深入探讨综合体系对大学生综合素养提升的重要性、构建要素和实施策略。

（一）综合体系对大学生综合素养提升的重要性

1. 培养全面发展的人才

综合素养要求个体在多个方面都有所涉猎，能够灵活运用所学知识解决实际问题。综合体系为大学生提供了多领域的学习机会和实践体验，使他们能够更全面地发展。

2. 适应复杂多变的社会环境

现代社会变化迅速，要求个体具备应对复杂多变环境的能力。综合素养的提升需要学生具备跨学科、跨领域的综合思维和应变能力，综合体系为其提供了锻炼这些能力的平台，使其更好地适应社会的挑战。

3. 培养创新精神和实践能力

综合素养不仅包括对知识的掌握，还涉及创新精神和实践能力的培养。综合体系通过项目驱动、实践活动等形式，激发学生的创新潜能，使其具备将理论知识应用于实际的能力。

4. 塑造积极的情感态度

综合素养的提升也需要培养学生积极的情感态度，包括对学习的热情、对挑战的积极态度等。综合体系通过情感教育、心理辅导等手段，帮助学生建立积极的情感态度，增强对学习和生活的投入感。

（二）构建综合体系的要素

1. 跨学科课程设置

跨学科课程是综合体系的核心组成部分，通过将不同学科的知识和技能融合在一起，促进学生对多学科知识的全面理解。这种课程设置有助于培养学生的综合思维和解决问题的能力。

2. 多样化的实践活动

实践活动是综合体系的重要组成部分，通过参与项目、实习、社会服务等实际活动，学生能够将理论知识应用到实际中，培养实际解决问题的能力。

3. 跨年级、跨专业的合作

综合体系需要打破年级、专业的界限，促进学生之间的交流与合作。跨年级、跨专业的合作有助于学生更全面地了解不同领域的知识和技能，培养团队协作和沟通能力。

4. 个性化发展计划

每个学生都有独特的兴趣、能力和发展方向，综合体系应当为学生提供个性化的发展计划。通过个性化的辅导和指导，学生能够更好地发挥自己的优势。

5. 社会资源的整合

综合体系需要整合社会资源，包括企业合作、专业人才导师、行业培训等。通过与社会各界的合作，学校能够更好地为学生提供实践机会，使其能够更好地应对未来职业挑战。

（三）实施综合体系的策略

1. 制定明确的教育目标

学校在构建综合体系时，需要明确培养学生的综合素养是一个长期目标。明确的教育目标有助于为综合体系的设计提供方向，使其更具有针对性和可操作性。

2. 引入先进的教育理念和技术手段

综合体系的实施需要引入先进的教育理念和技术手段，如项目式教学、在线学习平台等。这些手段能够提高学生的学习效果，丰富学习体验，促进综合素养的全面提升。

3. 建立全方位的评价体系

为了更全面地了解学生的发展情况，学校需要建立全方位的评价体系。除了传统的考试成绩，还可以包括项目表现、实践经验、团队合作等方面的评价，从而更准确地评价学生的综合素养。这有助于激发学生的积极性，促进他们在各个方面的全面发展。

4. 提供多样化的发展机会

为了满足学生个性化的发展需求，学校应提供多样化的发展机会，包括不同类型的实践项目、跨学科的课程选择、丰富的社会活动等。这有助于激发学生的兴趣，使其更全面地发展。

5. 加强学生导向的指导体系建设

学校需要建立健全的学生导向的指导体系，通过导师制度、学科辅导等方式，帮助学生规划个性化的发展路径。导师可以在学业、职业规划、情感发展等方面给予学生及时的指导和支持，促进其全面成长。

6. 培养团队协作和社会责任感

综合体系的实施应该注重培养学生的团队协作和社会责任感。通过团队项目、社会实践等方式，学生能够更好地理解团队协作的重要性，培养跨文

化、跨领域的团队合作能力，并对社会问题有更深刻的认识。

7. 与社会合作推动综合素养提升

学校应与企业、行业等社会资源进行深度合作，共同推动综合素养的提升。通过实际项目合作、企业导师制度等方式，学生能够更好地了解实际职场需求，提高解决实际问题的能力。

（四）案例分析：综合体系在大学的实施

某大学通过综合体系的实施，取得了显著的成果。该综合体系主要包括跨学科课程、多元实践、学生导向指导、社会资源整合等要素。

1. 跨学科课程设置

该大学通过跨学科课程设置，将不同学科的知识融合在一起，推动学生在多个领域进行学习。例如，开设了"创新创业导论"等课程，通过案例分析、团队项目等方式，培养学生的创新思维和实际操作能力。

2. 多元实践

多元实践是该综合体系的重要组成部分。学校与企业合作，为学生提供了丰富的实践机会，包括实习、社会服务、创业实践等。这些实践活动使学生在实际中应用所学知识，提高了他们的综合素养。

3. 学生导向指导

学校建立了学生导向的指导体系，为每位学生分配了导师。导师通过定期面谈、个性化辅导等方式，帮助学生规划学业、职业发展，并提供心理支持，有助于学生更全面地发展，提高其情感智慧和自我管理能力。

4. 社会资源整合

学校与社会资源进行深度整合，开展了一系列的合作项目。通过企业合作、实地考察、行业讲座等方式，学生得以深入了解社会需求，建立了与社会的紧密联系，提高了他们的社会责任感。

（五）挑战与展望

1. 挑战

尽管综合体系在提升大学生综合素养方面取得了显著成果，但在实施过程中仍面临一些挑战，以下是一些可能会出现的挑战。

（1）资源不足

实施综合体系需要大量的教育资源，包括跨学科的教育团队、多元实践的项目支持、与社会资源的合作等。如果学校资源有限，可能面临难以提供充足支持的问题。

（2）教育体制的创新

传统的教育体制可能限制了综合体系的发展。学校需要进行教育体制的创新，推动跨学科、项目化的教学方法，以更好地满足综合素养的培养需求。

（3）评价机制的不完善

目前的评价体系主要以传统考试为主，难以全面评价学生在综合体系中的发展。建立全方位的评价机制是一个挑战，需要从教学评价、项目评估、实践成果等多个层面进行考量。

2. 展望

尽管存在挑战，但综合体系的实施也带来了许多积极的展望，具体如下。

（1）培养更具竞争力的人才

综合体系培养出的学生更具有综合素养，能够更好地适应未来社会的需求。这些学生在面对复杂多变的社会环境时，更有竞争力。

（2）促进学科之间的交叉融合

通过跨学科的课程设置和实践活动，学校能够促进不同学科之间的交叉融合，推动学科间的合作，有助于形成更具创新性的教育模式。

（3）培养具有创新精神的学生

综合体系注重培养创新思维和实践能力，为学生创新精神的发展奠定基础，有助于学生在未来职业生涯中更具创造力和领导力。

（4）与社会更紧密的联系

通过整合社会资源，学校能够建立更紧密的与社会的联系。这使得学生能够更好地了解社会需求，为未来的职业发展做好准备。

在大学生综合素养的提升过程中，综合体系作为一种全面而系统的培养模式，具有重要意义。通过跨学科课程、多元实践、学生导向指导、社会资源整合等要素的有机结合，学校能够更全面地推动学生的认知、技能、情感和社会互动等方面的发展，为其培养出更具综合素养的人才。虽然在实施过

程中面临一些挑战，但通过制定明确的教育目标、引入先进的教育理念和技术手段、建立全方位的评价体系等策略，这些挑战都是可以克服的。

综合体系的实施不仅需要学校的积极投入，也需要社会的广泛支持。各方共同努力，不断优化完善综合体系，为大学生的全面发展创造更为有利的环境。这样的综合素养培养模式不仅有助于满足个体的成长需求，更能为社会培养更具创新力、实践能力和社会责任感的未来领导者和创业者。

第四节　大学生外部三元协作支撑体系建设

一、企业、社会组织及政府与高校的协作模式

（一）企业与高校的协作模式

1. 产学合作

（1）优势

实践机会：企业与高校的产学合作为学生提供了实践机会，使他们能够将在课堂中学到的知识应用到实际工作中。

创新推动：通过与企业的合作，高校能更好地了解产业需求，促进科研成果的商业化，推动创新。

（2）挑战

利益分配：企业和高校在合作中可能面临关于知识产权、利润分享等方面的利益分配问题。

时间压力：企业常常对速度要求较高，而高校的研究项目可能需要更多的时间，这可能导致合作关系的紧张。

2. 企业赞助与捐赠

（1）优势

资源支持：企业的赞助和捐赠为高校提供了财政上的支持，帮助其完善教学设施、提升教学质量。

人才培养：企业通过赞助奖学金、设立实习计划等方式，有助于培养符合其需求的人才。

（2）挑战

利益关系：企业的赞助可能导致高校面临一定的利益关系问题，如是否受到企业的影响而调整研究方向等。

长期可持续性：企业的支持可能受到市场波动等因素的影响，高校需要考虑如何确保长期可持续性。

（二）政府与高校的协作模式

1. 政府资助与科研项目

（1）优势

科研支持：政府资助和科研项目为高校提供了进行基础研究和应用研究的资金支持。

人才培养：通过政府的奖学金和助学计划，政府为高校培养人才提供了财政上的支持。

（2）挑战

政策变动：政府政策的变动可能会对高校的项目和资金产生影响，需要高校具备一定的适应性。

官僚主义：有时政府项目执行的官僚主义可能导致项目执行效率较低。

2. 政府与高校的政策对话

（1）优势

政策指导：通过政府与高校的政策对话，政府能够更好地了解高校的需求，从而指导相关政策的制定。

社会责任：高校通过参与政府的政策对话，能够更好地履行社会责任，为社会发展提供专业建议。

（2）挑战

信息不对称：有时政府与高校之间存在信息不对称的情况，政府需要更好地了解高校的真实需求。

政策执行：制定好的政策可能在执行阶段出现问题，需要政府与高校共同努力解决。

（三）社会组织与高校的协作模式

1. 社会组织提供的项目支持

（1）优势

社会服务：社会组织通过向高校提供项目支持，有助于高校更好地履行社会服务的职责。

多元资源：社会组织可能具有更灵活的资源配置，为高校提供多元化的支持。

（2）挑战

专业性：部分社会组织可能在某一领域具有专业性，但在其他领域缺乏专业知识，需要高校谨慎选择合作伙伴。

可持续性：社会组织的项目支持可能受到其自身可持续性的影响，需要高校谨慎评估合作的可持续性。

2. 社会组织与高校的社区服务

（1）优势

社区互动：通过与社会组织合作，高校能够更好地参与社区服务，满足社区的需求。

实践机会：社会组织为高校提供的社区服务项目为学生提供了实践机会，有助于增强其社会责任感。

（2）挑战

项目设计：社会组织与高校合作的社区服务项目需要精心设计，以确保对社区有实际帮助。

资源匹配：部分社会组织的资源有限，需要高校与其协商资源匹配的问题。

（四）政府、企业及社会组织与高校的综合协作模式

1. 公私合作

（1）优势

资源整合：政府、企业及社会组织与高校通过公私合作，可以整合各方资源，形成合力。

项目多样性：公私合作有助于创造多样性的项目，促进创新和可持续发展。

（2）挑战

利益平衡：在公私合作中，各方的利益可能存在分歧，需要通过协商达成平衡。

信息透明：公私合作需要保持信息透明，确保各方都能充分了解合作项目的情况。

2. 三方合作模式

（1）优势

社会效益：企业、政府与高校三方合作的项目往往更注重社会效益，有助于推动可持续发展。

创新引擎：三方合作模式有助于构建创新引擎，促使产学研更好地结合。

（2）挑战

协调复杂：三方合作需要更高水平的协调和沟通，可能面临合作关系复杂度增加的问题。

长期合作：建立可持续的三方合作关系需要各方愿意投入时间和资源，确保长期的合作关系。

政府、企业及社会组织与高校之间的协作是社会可持续发展的关键因素。企业的产学合作、赞助捐赠，政府的资助与项目支持，社会组织的项目支持与社区服务，以及高校的产学合作与社区服务，各自发挥着独特的作用。公私合作和三方合作模式更是在这些组织之间构建了更为复杂而全面的合作网络。然而，协作中也面临着一系列挑战，如利益平衡、资源整合、信息透明等问题。在未来，各方需要不断优化协作模式，加强沟通，推动协作机制更好地服务社会，促进经济、环境和社会的协同发展。通过政府、企业、社会组织和高校之间的紧密协作，社会将更好地实现可持续发展的目标。

二、协作支撑体系中各方的角色与责任

（一）领导层的角色与责任

领导层在协作支撑体系中扮演着至关重要的角色，他们的领导力和决策能力直接影响整个体系的运作，领导层的主要责任如下。

制定协作战略：领导层需要明确协作的目标和方向，制定相应的协作战略，确保各方的努力都朝着共同的目标努力。

建立文化和价值观：领导层需要塑造一种鼓励协作、分享和团队合作的文化，确保整个组织都认同和践行这些价值观。

资源分配：确保所需的资源得到合理分配，包括人力、财力和技术支持等。

决策与问题解决：在协作过程中，领导层需要及时做出决策，解决出现的问题，确保协作进程的顺利进行。

（二）项目管理团队的角色与责任

项目管理团队负责具体的项目实施和监管，他们的责任如下。

项目规划：制订详细的项目计划，明确项目的目标、里程碑和交付物，确保项目能够按时、按质完成。

团队协调：协调项目团队的各个成员，确保他们明确自己的责任，有效合作，及时解决团队内部的冲突。

风险管理：识别并管理项目中可能出现的风险，采取预防措施，保证项目的顺利进行。

报告与沟通：向领导层和其他利益相关方报告项目进展情况，保持透明度，并及时沟通解决方案。

（三）业务部门的角色与责任

业务部门在协作支撑体系中负责提供业务需求和专业知识，其主要责任如下。

明确需求：向项目团队明确业务需求，确保项目的实施能够满足业务部门的期望。

提供专业知识：在相关领域提供专业知识和经验，协助项目团队解决技术和业务难题。

测试和验收：参与项目交付物的测试和验收，确保交付物符合要求。

培训与支持：在项目实施后，提供必要的培训和支持，确保业务部门能够有效地使用新的系统或流程。

（四）技术团队的角色与责任

技术团队负责实施和维护协作支撑体系所需的技术基础设施，其主要责任如下。

系统开发与维护：负责开发和维护协作系统，确保系统的稳定性和安全性。

技术支持：提供技术支持，解决系统使用过程中出现的技术问题，确保系统的正常运行。

数据安全：确保协作过程中的数据安全，采取必要的措施防范潜在的安全风险。

技术创新：不断关注新的技术趋势，为协作支撑体系引入新的技术和工具，提升效率和质量。

（五）人力资源部门的角色与责任

人力资源部门在协作支撑体系中负责管理组织内的人力资源，其主要责任如下。

人才招聘与培养：负责招募适合的人才，为协作体系培养具备必要技能的团队成员。

绩效评估与激励：对参与协作的成员进行绩效评估，设计激励机制，促使团队成员更好地发挥其潜力。

团队建设：开展团队建设活动，提升团队协作精神和凝聚力。

冲突解决：处理团队内部的人际冲突，确保团队协作的和谐进行。

（六）利益相关方的角色与责任

除了以上主要的内部角色，协作支撑体系还需要考虑外部利益相关方的角色与责任，包括客户、供应商、合作伙伴等，他们的主要责任如下。

明确期望：向组织明确他们的期望和需求，确保协作体系能够满足他们的利益和期望。

提供资源与支持：在可能的情况下，为协作提供资源和支持，共同推动项目或组织的成功。

参与决策：在涉及到影响他们利益的重大决策中，参与讨论和决策过程，确保他们的声音被充分听取。

沟通与合作：与组织保持良好的沟通与合作关系，建立互信，解决可能出现的分歧和问题。

（七）跨部门协作的角色与责任

在协作支撑体系中，不同部门之间的协作至关重要。跨部门协作的角色与责任如下。

信息共享：各部门需要及时、准确地分享信息，确保各方了解整体的进展和变化。

协调与整合：负责协调不同部门之间的工作，确保各项工作能够顺利整合，达成整体目标。

问题解决：处理跨部门的问题和矛盾，确保合作过程中的顺畅进行。

共同目标：确保各部门在协作中共同明确目标，共同努力，共享成功。

（八）协作支撑体系中的个体角色与责任

每个个体在协作支撑体系中都有自己的角色与责任，具体如下。

明确职责：每个个体需要明确自己的职责，清楚自己在协作中的定位和任务。

积极参与：积极参与协作过程，提供自己的专业知识和经验，为整个团队的成功贡献力量。

沟通与协调：与团队成员和其他部门及时沟通，协调工作，确保信息流畅，问题得到及时解决。

学习与改进：不断学习新知识和技能，积极参与团队的学习与改进，推动整个协作体系的不断进步。

在协作支撑体系中，各方的角色与责任紧密相连，相互配合，形成一个有机的整体。领导层通过制定战略和提供资源，项目管理团队负责具体的实施和监管，业务部门提供业务需求和专业知识，技术团队提供技术支持，人力资源部门管理人力资源，利益相关方提供支持和反馈，跨部门协作协调不同部门之间的工作，个体在其中扮演着不可或缺的角色。

每个角色都有其独特的责任，但同时也需要密切合作，共同为组织或项目的成功努力。在这个协作支撑体系中，信息的共享、沟通的畅通，以及问题的及时解决都至关重要。通过清晰的角色分工和明确的责任划分，可以确保协作支撑体系的高效运作，推动组织不断取得成功。

三、三元协作支撑体系对创新创业人才培养的影响

三元协作支撑体系是指在组织或项目中，以人为核心，通过领导层、技术团队和业务团队的协作，形成一个紧密配合的体系，共同推动创新与创业的发展。在创新创业人才培养方面，这一体系发挥着至关重要的作用。下文将深入探讨三元协作支撑体系对创新创业人才培养的影响，着重从领导层、技术团队、业务团队的角度展开讨论。

（一）领导层的作用与影响

1. 制订创新战略和培养计划

领导层在三元协作支撑体系中负责制订整体的创新战略和人才培养计划。通过明确组织的创新目标、方向和需求，领导层能够为创新创业人才培养提供明确的导向。制订有针对性的培养计划，包括培训课程、实践项目等，以提升人才的创新能力和创业素养。

2. 塑造创新文化和价值观

领导层的行为和决策对组织文化有深远的影响。在创新创业人才培养中，领导层需要积极塑造鼓励创新的组织文化和价值观。通过激发团队成员的创新激情，营造开放、包容的工作环境，使创新成为组织的基因，从而培养出更具创新力的人才。

3. 提供资源支持

领导层负责确保创新创业人才培养所需的资源得到充分支持。这包括资金、技术支持、实验室设施等。通过投入足够的资源，领导层能够创造条件，使人才在创新实践中能够得到更全面的培养和锻炼。

4. 鼓励创业精神

在创新创业人才培养中，领导层的鼓励对于培养创业精神至关重要。这包括对创业项目的支持、对创新想法的认可，以及对失败的宽容。领导层的

态度将直接影响到团队成员的创业意愿和创新动力。

（二）技术团队的作用与影响

1. 提供前沿技术支持

技术团队在三元协作支撑体系中是创新的技术支持者。他们负责提供前沿的技术支持，使创新创业人才能够在实践中运用最新的技术手段。通过与业务团队的紧密合作，技术团队能够为创业项目提供创新性的解决方案。

2. 参与创新项目

技术团队的成员可以积极参与创新项目，与业务团队紧密协作，共同推动项目的创新实践。通过参与创新项目，技术团队的成员能够在实际项目中不断提升自己的技术能力，同时也为整个团队的创新能力提供有力支持。

3. 培养技术领导者

技术团队的领导者在培养创新创业人才中有着重要作用。他们不仅要具备卓越的技术能力，还需要具备领导才能，能够激发团队成员的创新潜力。通过培养技术领导者，技术团队能够在人才培养中起到更为积极的推动作用。

4. 促进团队学习

技术团队可以通过组织内外的技术分享、培训等方式促进团队的学习。定期的技术交流和培训活动有助于团队成员不断更新知识，保持技术敏感度，提升整体的创新水平。

（三）业务团队的作用与影响

1. 解析市场需求

业务团队负责解析市场需求，把握行业发展趋势。在创新创业人才培养中，业务团队的成员需要具备敏锐的市场洞察力，能够及时发现并把握商业机会，为创新提供有力支持。

2. 与客户沟通

业务团队直接面对客户，与客户沟通是他们的日常工作之一。通过与客户的紧密合作，业务团队能够更好地理解客户需求，将客户的反馈融入创新项目中，确保创新方法符合市场实际。

3. 项目管理与推动

业务团队在创新创业项目中扮演着项目推动和管理的关键角色。他们负责项目的规划、执行和监控，确保项目按照计划有序进行。通过这一过程，业务团队的成员能够培养项目管理技能和团队协作能力，这对于创新创业人才的全面培养至关重要。

4. 风险管理与创业决策

在创新创业的过程中，业务团队需要具备风险识别和管理的能力。他们需要在不确定性的环境下做出决策，推动项目前进。通过参与风险管理和决策的过程，业务团队的成员需要具备创业家精神，具备在复杂环境中做出决策的能力。

5. 客户反馈与产品改进

业务团队在与客户沟通的过程中能够获得实时的反馈信息。这些反馈信息对于产品或服务的改进至关重要。业务团队的成员通过分析客户反馈，提出创新性的改进建议，推动产品的不断优化和创新。

（四）协作支撑体系对创新创业人才培养的整体影响

1. 促进跨领域协作

在三元协作支撑体系中，不同部门之间的协作得以促进领导层、技术团队及业务团队的紧密合作。这有助于创新创业人才全面发展，他们能够融汇多领域的知识和技能，更好地应对复杂的创新环境。

2. 提供全方位支持

协作支撑体系能够为创新创业人才提供全方位的支持。从领导层提供的战略引导和资源支持，到技术团队提供的技术支持，再到业务团队提供的市场需求和客户反馈，形成了一个全方位的培养支持体系。

3. 促进知识共享

在协作支撑体系中，各个团队之间的知识共享得以实现。技术团队的先进技术与业务团队的市场洞察力相结合，形成创新的动力。领导层的引导作用使得团队成员更愿意分享经验和知识，推动整个团队的创新水平。

4. 培养创业家精神

三元协作支撑体系有助于培养创业家精神。在与领导层、技术团队及业

务团队的紧密协作中，创新创业人才能够不断接触到创业的要素，学习创新创业的经验，形成勇于创新、勇于承担风险的创业家精神。

5. 促进团队协同

三元协作支撑体系通过各方的协同作用，促进了团队协同。在创新创业人才培养中，这种协同是至关重要的，因为创新往往需要多方的努力与智慧。通过团队协同，创新创业人才能够在共同努力中不断突破。

（五）挑战与应对策略

1. 沟通障碍

协作支撑体系中，由于涉及不同专业领域的团队，沟通障碍可能成为一个挑战。领导层可以通过制定明确的沟通渠道和流程，鼓励团队成员提出建议和意见，加强团队的沟通和协调。

2. 利益冲突

不同部门之间可能存在利益冲突，特别是在资源分配和项目决策上。领导层需要制定公平合理的资源分配机制，建立明确的决策流程，确保各方利益能够得到平衡。

3. 团队协作难度

协作支撑体系中，不同团队的协作可能面临困难。业务团队、技术团队和领导层需要共同参与团队建设和培训活动，加强团队协作能力的培养，以应对复杂多变的创新环境。

4. 跨领域知识融合

在协作支撑体系中，不同团队之间的知识融合可能面临挑战。为了促进知识的交流与融合，组织可以设立跨部门的工作坊、培训课程，鼓励团队成员跨足不同领域，促使知识的交流与分享。

5. 技术变革的快速性

在技术团队中，技术变革的快速性可能成为一个挑战。为了跟上科技的发展，组织可以制订定期的技术培训计划，确保技术团队的成员能够持续学习和更新知识，以适应不断变化的技术环境。

6. 创新项目的不确定性

创新项目通常伴随着不确定性，包括市场需求、技术可行性等方面的不

确定性。业务团队和技术团队需要在领导层的引导下，学会灵活应对变化，制定有效的风险管理策略，以降低项目不确定性带来的影响。

（六）未来发展方向与建议

1. 强化领导层的创新领导力

在未来，组织可以进一步强化领导层的创新领导力。领导层需要更具前瞻性，不仅关注眼前的业务和项目，还要关注行业趋势和新兴技术，引领组织不断适应变化的创新环境。

2. 加强团队间的沟通与协作

为了更好地应对沟通障碍和团队协作难度，组织可以拓宽跨团队的沟通渠道，定期开展协作会议，提升团队成员的沟通和协作技能。同时，倡导开放式的工作文化，鼓励团队成员跨团队合作。

3. 推动跨领域知识融合

组织可以设立跨部门的知识分享平台，鼓励团队成员分享自己的专业知识和经验。此外，组织还可以鼓励团队成员参与不同领域的培训和交流活动，促进跨领域知识的融合。

4. 制订创新创业人才培养计划

为了更有针对性地培养创新创业人才，组织可以制订详细的培养计划。该计划应包括创新创业的培训课程、实践项目、导师制度等，以确保人才能够在实践中得到全面的培养。

5. 构建创新生态系统

组织可以积极构建创新生态系统，与外部创新机构、高校等建立合作关系。通过与外部合作，组织能够获取更多的创新资源和思想，推动创新创业人才的全面发展。

6. 鼓励创新思维

为了培养创新思维，组织可以鼓励团队成员参与创新项目、提出创新想法，并设立奖励机制鼓励创新。此外，组织还可以推行创新大赛等活动，激发团队成员的创新热情。

三元协作支撑体系对创新创业人才培养有着深远的影响。领导层、技术

团队和业务团队之间的协作能够为人才提供全方位的支持，促进知识的共享和团队协同。然而，也面临沟通障碍、利益冲突等挑战。通过强化领导层的创新领导力、加强团队沟通与协作、推动跨领域知识融合等策略，可以进一步提高创新创业人才的培养效果，为组织的可持续创新和发展奠定坚实基础。

第四章 创新创业教育课程体系

第一节 创新创业教育课程体系建设的目标

一、课程体系建设的基本目标

（一）适应性和灵活性

1. 个性化学习路径

课程体系应具有适应性，允许学习者根据个体差异、学科兴趣和学习风格制定个性化学习路径。这有助于激发学生学习的积极性，提高学习效果。

2. 弹性学习安排

考虑到学员的工作、家庭和其他承担，课程体系应该具有弹性，能够适应不同学员的时间表和需求，提供多样的学习方式，如在线学习、混合学习等。

（二）贴近实际需求

1. 行业导向

课程体系建设的目标之一是贴近实际需求，关注当前和未来的行业趋势。它应该能够为学员提供所需的技能和知识，使其能够顺利进入或适应特定的行业。

2. 就业竞争力

课程体系应注重培养学员的职业素养，提高他们在就业市场上的竞争力，这包括发展学员的沟通能力、团队协作能力、问题解决能力等软技能。

（三）全面发展

1. 学科综合

课程体系应该涵盖学科的多个方面，鼓励学生进行跨学科的学习，培养他们全面的知识结构和综合运用知识的能力。

2. 人格培养

除了专业知识，课程体系还应注重学生个性和品格的培养，包括道德价值观、领导力、团队协作等方面，以培养出具备综合素质的人才。

（四）实践性和应用性

1. 实践项目

课程体系的设计应强调实践性，通过实际项目、案例研究、实习等方式，让学员能够将理论知识应用到实际问题中，提高他们的实践能力。

2. 应用性知识

课程体系应该注重培养学员的应用性知识，使他们能够灵活运用所学的知识解决现实生活和工作中的问题，提高解决问题的能力。

（五）培养创新思维

1. 问题解决能力

课程体系应该培养学员的问题解决能力，激发他们发现问题、分析问题、提出解决方案的创新思维。

2. 创业精神

在培养创新思维的同时，课程体系也应该鼓励和培养学员的创业精神，使他们具备创新创业的能力和胆识。

（六）持续学习和发展

1. 终身学习意识

课程体系的目标之一是培养学员具备终身学习的意识和习惯，使他们能够持续不断地学习和适应社会的变化。

2. 职业发展规划

为了帮助学员更好地规划职业发展，课程体系应提供相关的职业规划指导，包括职业咨询、实习机会、职业导师等支持服务。

（七）评估和反馈机制

1. 学习成果评估

课程体系需要建立科学的学习成果评估机制，确保对学员在各个方面的学习表现进行全面、客观且公正的评估。这可以包括考试、项目评估、作业评价、实习评价等多种形式，以全面了解学员的学业水平和能力发展。

2. 持续反馈

除了定期的学业评估，课程体系还应该设立持续反馈机制。通过学员、教师和实习导师的交流，及时了解学员的学习进展和需求，以便灵活调整课程内容和教学方法，更好地满足学员的学习需求。

（八）全球化视野

1. 国际化课程设计

为了培养具备国际竞争力的人才，课程体系的设计应具有国际化。这包括引入国际先进的教学理念、课程内容，提供国际交流和实习机会，使学员具备更广泛的国际视野。

2. 多语言能力培养

随着全球化的推进，具备多语言能力的人才更受欢迎。课程体系应该注重培养学员的语言能力，包括英语、第二外语等，以提高他们在国际舞台上的竞争力。

（九）社会责任与公民素养

1. 社会责任感

课程体系的建设目标之一是培养学员的社会责任感。通过引入社会责任和可持续发展的理念，培养学员关心社会问题、参与公益活动的积极意识。

2. 公民素养

培养学员的公民素养是课程体系的重要目标。这包括法律意识、公共

事务参与、文化多样性认知等方面的培养，使学员成为具有社会责任感的公民。

（十）信息化教学

1. 科技应用

课程体系的建设需要充分利用现代科技手段，整合信息化教学资源。引入在线教学、虚拟实验、远程实习等技术手段，提高学员信息素养和网络协作能力。

2. 数据驱动决策

借助数据分析工具，课程体系应该建立数据驱动的决策机制。通过对学员学习数据的分析，及时发现问题、调整教学策略，实现课程效果的优化。

（十一）教学团队的专业发展

1. 持续培训与学术研究

为了提高教学质量，课程体系的建设需要关注教学团队的专业发展。提供定期的培训、鼓励参与学术研究等方式，使教师保持专业素养并紧跟学科发展。

2. 团队合作

教学团队要能够良好地协同工作。建设一个团结合作的教学团队，促进教师之间的交流和合作，共同推动课程体系的不断优化。

（十二）成果评估与优化

1. 毕业生追踪

为了全面了解课程体系的实际效果，建设一个有效的毕业生追踪机制，追踪毕业生的就业情况、职业发展、继续深造等方面的信息。

2. 持续优化

定期进行课程体系的评估，根据学员和教师的反馈及市场需求的变化，及时调整和优化课程内容、教学方法和评估体系。

课程体系建设的基本目标是为学员提供全面、系统且持续的教育服务，使其能够在不同领域中具备丰富的知识、专业技能和创新思维。适应性和灵

活性、贴近实际需求、全面发展、实践性和应用性、培养创新思维、持续学习和发展、评估和反馈机制、全球化视野、社会责任与公民素养、信息化教学、教学团队的专业发展、成果评估与优化等方面的目标应该在课程体系建设中得到充分考虑。通过不断优化和调整，课程体系能够更好地满足学员和社会的需求，为个体成长和社会进步提供有力支持。

二、创新创业课程对学生的期望

创新创业课程是当今教育体系中日益受到关注的一个领域。在现代社会，创新和创业能力已经成为一个人成功的关键因素之一。因此，创新创业课程旨在培养学生的创新思维、创业能力和团队协作精神，使他们在未来的职业和社会生活中能够更好地适应变革和挑战。以下将探讨创新创业课程对学生的期望，包括培养创新意识、发展创业技能、提升团队协作能力等方面。

（一）培养创新意识

1. 创新思维的培养

创新创业课程首先期望学生能够培养创新思维。这包括开放的思考方式、勇于挑战传统观念、善于寻找问题解决方案的能力。学生在课程中应该通过案例分析、讨论和实践项目等形式，逐渐形成敏锐的洞察力和创新的心态。

2. 问题识别与解决能力

创新创业不仅是新产品或服务的创造，还包括解决现有问题的创新方法。期望学生能够在课程中培养问题识别与解决的能力，通过深入了解市场和行业，找到痛点并提出创新性解决方案。

3. 对风险的适应与应对能力

创新创业往往伴随着不确定性和风险，因此创新创业课程的目标是培养学生对风险的适应与应对能力。学生需要学会在不确定的环境中决策，勇于承担风险，并能够在失败中吸取经验教训，持续迭代和创新。

（二）发展创业技能

1. 商业模式设计

创新创业课程期望学生能够掌握商业模式设计的方法。这包括对市场需

求的分析、产品或服务的定位、盈利模式的构建等。通过实际案例和模拟项目，学生能够在课程中运用理论知识进行实践操作，深化对商业模式的理解。

2. 制定和执行市场营销策略

创业不仅是创造一个产品或服务，还需要将其成功推向市场。创新创业课程希望学生能够学会制定和执行有效的市场营销策略，包括目标市场的选择、品牌定位、营销渠道的选择等。

3. 融资与资本管理

在创业过程中，融资和资本管理是至关重要的环节。创新创业课程期望学生能够了解不同的融资方式，学习如何筹集资金，并在创业初期做好资本的有效管理。

（三）提升团队协作能力

1. 团队建设与领导力

创新创业通常是一个团队合作的过程，因此创新创业课程期望学生能够培养团队建设与领导力。课程中可以通过团队项目、角色扮演等方式，培养学生协调沟通的能力，锻炼他们在团队中担任领导角色的技能。学生还应该学习如何有效地协调团队资源，达成共识，以实现共同的创新目标。

2. 团队决策与冲突解决

创新创业课程期望学生在团队中具备良好的决策与冲突解决能力。这需要学生学习如何在团队中进行有效的讨论、协商和决策，同时能够妥善处理团队内部的冲突，确保团队协作的顺利进行。

3. 多元文化团队协作

在全球化的背景下，创新创业往往需要跨越国界进行合作。因此，创新创业课程也期望学生能够在多元文化团队中协作。通过引入国际案例、国际团队项目等形式，学生可以锻炼在多文化背景下的沟通和合作能力。

（四）实践与项目经验

1. 创业实践项目

创新创业课程的一个核心目标是通过实践项目培养学生的实际操作能力。学生可以参与创业实践项目，从而将课堂学到的知识应用到实际中，锻

炼创业的各个方面技能。

2. 制订创新项目计划

在创新创业课程中，学生需要学会制订创新项目计划。这包括项目的规划、执行、监控和评估。通过实际项目的制定，学生能够深入了解创新项目的全过程管理。

3. 制造失败的机会

创新创业往往伴随着失败和风险。创新创业课程鼓励学生在相对安全的学习环境中制造失败的机会，从失败中学习，积累经验，提高面对未知和不确定性的应对能力。

（五）社会责任和可持续发展

1. 强调社会责任

创新创业课程不仅关注商业成功，还注重社会责任。学生应该了解创新创业对社会、环境的影响，学会在创业过程中考虑可持续发展的因素，提高社会责任感。

2. 社会创新项目

通过社会创新项目，学生可以将创新创业的理念应用于社会问题的解决。这有助于培养学生关注社会问题、提出社会创新解决方案的能力，强调创新的社会意义。

（六）全球视野和国际交流

1. 国际化教学资源

创新创业课程期望能够打开学生的全球视野、引入国际化的教学资源，例如，邀请国际创业家、学者来校讲学，为学生提供更广泛的创新创业观念和经验。

2. 国际交流与合作

创新创业往往需要与全球范围内的创业者、投资者及合作伙伴进行交流与合作。创新创业课程鼓励学生积极参与国际交流活动，拓宽国际视野，建立国际化的创业网络。

（七）个人品德与职业素养

1. 道德品质与诚信

创新创业课程强调培养学生的个人品德和职业素养。学生需要具备高度的诚信和道德品质，以确保创业过程中的公正、透明、合法。

2. 沟通和团队协作能力

创新创业往往需要与不同背景、专业的人合作。学生在课程中需要培养卓越的沟通和团队协作能力，建立良好的人际关系，为未来的创业合作打下基础。

创新创业课程对学生的期望是多维度的，既包括知识和技能的培养，也注重学生综合素养的提升。培养创新意识、发展创业技能、提升团队协作能力、实践与项目经验、强调社会责任和可持续发展、全球视野和国际交流、个人品德与职业素养等方面的期望，使学生能够在创新创业的领域中脱颖而出，为个人职业发展和社会进步作出积极的贡献。创新创业课程的设计和实施需要不断与行业实际需求相结合，不断更新教学内容和方法，以确保培养出具备创新创业精神的人才。

三、课程体系与人才培养目标的契合度

课程体系与人才培养目标的契合度是教育体系中至关重要的一环，一个成功的教育体系应当确保其设计的课程体系与既定的人才培养目标高度契合，以达到培养学生所需技能、知识和素养的目的。以下将探讨课程体系与人才培养目标的契合度，并阐述如何确保二者之间的协调一致，以促进学生全面发展和社会需求的满足。

（一）人才培养目标的明确

1. 定义学科核心能力

在构建课程体系之前，首要任务是明确人才培养目标。学校或教育机构应当明确定义相关学科领域的核心能力，包括但不限于专业知识、技能要求、创新能力、团队协作、领导力等。这些核心能力构成了人才培养的基础框架。

2. 响应社会需求

人才培养目标也应与社会需求相契合。对社会对于人才的需求进行深入

分析，包括当前和未来的职业市场趋势、行业发展方向等。确保人才培养目标能够使学生具备社会实践和创新创业所需的能力。

（二）课程体系的构建

1. 设计符合核心能力的课程

基于明确的人才培养目标，课程体系的构建应该设计符合核心能力的课程。每门课程都应有明确的目标和对应的教学内容，以确保学生在学习过程中逐步掌握所需的知识和技能。

2. 强调实践和应用

课程体系应该注重实践和应用，使学生能够将理论知识转化为实际操作能力。引入实践项目、实习、实验等形式，促使学生在真实场景中应用所学，增强其实际能力和解决问题的经验。

3. 多元化学科设置

一个综合的课程体系应该涵盖多个学科领域，以培养学生的综合素养。多元化学科设置不仅能够拓宽学生的知识视野，还有助于跨学科思维的培养，培养具备全球化竞争力的人才。

（三）课程体系与人才培养目标的契合度

1. 对标行业标准和认证要求

为确保课程体系与人才培养目标高度契合，教育机构应该对标行业标准和认证要求。不同行业或专业领域通常有相应的认证标准，课程设置和教学内容可以参照这些标准，以确保培养出符合行业要求的人才。

2. 持续调整和优化

人才培养目标和社会需求是动态变化的，因此课程体系需要保持灵活性，能够根据社会变革和行业发展的需要进行调整和优化。定期进行课程评估，收集学生和企业的反馈，不断改进和更新课程内容。

3. 教学团队的专业发展

教学团队的专业发展与课程体系的契合度密切相关。确保教师具备业界最新的知识和经验，参与行业研究和实践，将最新的发展纳入到课程体系中，以保持教学的前沿性。

（四）强化实践环节

1. 实习与实训机会

提供充足的实习和实训机会是课程体系与人才培养目标契合度的重要方面。实习可以让学生在真实工作场景中应用所学知识，提高实际操作能力，对接实际职业需求。

2. 创新项目和竞赛

鼓励学生参与创新项目和竞赛，是强化实践环节的有效途径。这不仅能够为学生提供锻炼创新思维和实际操作的机会，还能够培养团队协作和解决问题的能力。参与创新竞赛也能够将学生的实际表现与行业水平进行比较，促使他们更好地适应职业挑战。

3. 产学合作项目

建立产学合作项目，使学生置身于真实的产业环境中。通过与企业的合作，学生可以直接参与解决实际问题，了解行业运作机制，提升实际应用技能，并更好地满足企业对人才的需求。

（五）全球化视野的拓展

1. 国际化课程设计

为提高学生的全球化视野，课程体系设计应加入国际化的课程。引入国际经验、案例，甚至可以与国外院校合作开设联合课程，使学生接触到国际前沿理念和实践经验。

2. 国际交流项目

推动学生参与国际交流项目，促使其在跨文化环境中学习和工作。通过与国外学生和专业人士的互动，学生能够更好地理解国际行业标准和不同文化背景下的商业实践。

（六）社会责任与可持续发展的整合

1. 引入社会责任课程

将社会责任理念融入课程体系，培养学生对社会的责任感。引入相关课

程，关注可持续发展、环保等议题，使学生在认识到企业应当在实现经济效益的同时，对社会和环境也要负起应有的责任。

2. 社会实践项目

开展社会实践项目，让学生深入社区、参与公益活动。通过实际参与解决社会问题，学生能够更深刻地理解社会责任的重要性，并将其融入未来职业生涯中。

（七）持续评估和反馈机制

1. 毕业生跟踪调查

建立毕业生跟踪调查机制，了解毕业生在职场的表现和发展。通过毕业生的反馈，可以评估课程体系是否能够满足其职业发展的需要，及时调整课程内容和结构。

2. 企业满意度调查

与企业建立密切的合作关系，开展企业满意度调查。通过了解企业对毕业生的评价，可以更直观地了解课程体系是否能够满足企业对人才的需求，为课程优化提供有力的依据。

（八）技术应用和信息化支持

1. 引入先进的教学技术

课程体系应该借助先进的教学技术，包括在线教育平台、虚拟实验室、远程合作工具等。这不仅可以提高教学效果，还有助于培养学生对新技术的适应能力。

2. 数据分析与个性化教学

利用数据分析工具对学生的学习情况进行跟踪和分析，实现个性化教学。通过了解每个学生的学习特点和需求，更好地满足其个体差异，提高教学效果。

（九）教学团队的专业发展

1. 持续专业培训

教学团队的专业发展是保证课程体系与人才培养目标契合度的基础。为教师提供持续的专业培训，使其了解行业最新动态和前沿知识，确保教学内容的时效性。

2. 鼓励学术研究和实践经验分享

鼓励教师参与学术研究和实践经验分享，以提高其在行业中的认可度并增加其实践经验。教师在实际工作中积累的经验和在行业内的关系网络可以为课程体系的更新和优化提供宝贵的资源。

（十）跨学科协同与整合

1. 促进不同学科的交叉融合

跨学科协同与整合是课程体系与人才培养目标契合度的重要环节。促进不同学科的交叉融合，使学生能够拥有更广泛的知识背景，培养其跨领域的思维能力。

2. 跨学科项目合作

开展跨学科的项目合作，鼓励学生在实际项目中与其他专业领域的学生协同工作。这种合作模式有助于培养学生的团队协作和跨学科沟通能力，提升其适应未来工作的综合素养。

课程体系与人才培养目标的契合度是高等教育中关系到教学质量和学生发展的重要问题。通过明确人才培养目标、构建合理的课程体系、强化实践环节、拓宽全球化视野、整合社会责任与可持续发展，以及建立持续评估和反馈机制，可以有效提高课程体系与人才培养目标的契合度。同时，教学团队的专业发展、技术应用和信息化支持、跨学科协同与整合等方面的努力也是保障契合度的关键因素。综合考虑这些方面，可以使课程体系更好地服务于学生的全面发展，培养出满足社会需求的优秀人才。因此，高校和教育机构在构建和完善课程体系时，应当不断调整和优化，确保其与人才培养目标高度契合，为学生的职业发展和社会进步作出更大的贡献。

第二节 创新创业教育课程体系建设的原则

一、课程体系建设的指导原则

课程体系建设是高等教育领域中的一项重要工作，直接关系到学生的学习效果、综合素养的培养及毕业生的职业发展。为了确保课程体系的有效性

和可持续性，建设过程中需要遵循一系列的指导原则。这些原则旨在保障课程体系的质量、符合社会需求、激发学生的学习兴趣，以培养具备创新能力、实践能力和社会责任感的人才。以下是课程体系建设的一些指导原则。

（一）学科前沿和实际应用的结合

课程体系建设的首要原则是将学科前沿知识与实际应用相结合。教育机构应关注当前学科领域的最新发展，确保课程内容具备最新的学术研究成果。同时，课程设计应强调实际应用，使学生能够将所学知识运用于解决实际问题，提高他们的实际操作能力。

（二）核心能力培养的全面性

课程体系应全面培养学生的核心能力，包括但不限于专业知识、创新能力、批判性思维、团队协作、沟通能力和跨文化交流等。这要求课程设置不仅要注重专业知识的传授，还要培养学生的综合素养，使其在职场和社会中更具竞争力。

（三）强调实践与项目经验

实践是培养学生实际操作能力的有效手段，因此课程体系建设应强调实践性教学。引入实践项目、实习、实训等环节，使学生能够在真实场景中应用所学知识，提高问题解决的能力，并更好地适应职业发展的挑战。

（四）跨学科与综合学习的促进

现代社会问题常常是跨学科性质的，因此课程体系应鼓励跨学科学习。通过多学科的整合，培养学生具备综合性思考和解决问题的能力。此外，开设综合性的课程，使学生能够了解多个学科领域，培养跨领域的视野。

（五）灵活性和可调整性

课程体系建设应具有一定的灵活性和可调整性。社会、科技、产业等方面的变化速度较快，因此课程体系需要能够及时调整，以适应不断变化的社会需求。定期的课程评估和反馈机制是确保课程体系灵活性的关键。

（六）全球化视野的拓展

在全球化的时代，培养具备国际视野的人才是课程体系建设的重要目标。引入国际化的课程、鼓励学生参与国际交流项目，可以帮助学生更好地理解不同文化、接触国际前沿知识，提高其全球竞争力。

（七）社会责任和可持续发展的融入

课程体系应将社会责任和可持续发展理念融入其中。通过引入相关课程，培养学生对社会、环境的责任感，使其在未来的职业生涯中能够为社会作出更多的积极贡献。

（八）教学团队的专业发展

构建优质的课程体系离不开教学团队的专业发展。教师应定期参与学术研究、行业培训，保持学科知识的更新，并将最新的研究成果融入教学中。鼓励教师参与实际项目，分享实践经验，以提高教学的实际效果。

（九）学生参与和反馈机制

学生参与是课程体系建设的重要环节。建立学生代表参与课程设计的机制，听取学生的意见和建议，以更好地满足他们的学习需求。同时，建立学生满意度调查和反馈机制，及时了解学生对课程的感受和建议，为后续的调整提供依据。

（十）信息技术和创新教育手段的整合

引入先进的信息技术和创新教育手段是提升课程体系建设的有效途径。在线教育平台、虚拟实验室、远程合作工具等技术工具能够提高教学效果，使学生更灵活地获取知识，培养他们运用信息技术解决问题的能力。

以上原则并非孤立存在，而是相互关联、相互支持的。在课程体系建设中，综合考虑并灵活运用这些原则，能够帮助教育机构更好地应对不断变化的社会和行业需求，为学生提供更为全面和实用的教育。

二、各类课程在体系中的关系与作用

课程在教育体系中扮演着关键的角色，各类课程的关系与作用直接影响着学生的学习效果、综合素养的培养及未来职业的发展。一个完整、合理的课程体系应该包括核心课程、专业课程、通识教育课程、实践课程等多个层面的课程，它们相互关联、相互支持，共同构建起学生全面成长的框架。以下将对各类课程在体系中的关系与作用进行深入探讨。

（一）核心课程的作用与地位

核心课程是构建课程体系的基础，它们通常包括了学科的基础知识和基本技能。这类课程为学生提供了学科领域的基础理论框架，使其建立起对学科核心概念的深刻理解。核心课程的作用主要体现在以下几个方面。

1. 奠定学科基础

核心课程为学生提供了深厚的学科基础，包括相关领域的基本概念、原理和理论体系。这为学生后续深入学科研究、实践应用奠定了坚实基础。

2. 培养批判性思维

通过核心课程的学习，学生不仅掌握了学科的知识，还培养了批判性思维和分析问题的能力。这种能力是学生在日后解决实际问题时不可或缺的。

3. 引导专业方向选择

核心课程在一定程度上也可以作为学生选择专业方向的引导。通过对不同学科领域的综合学习，学生能够更清晰地了解自己的兴趣和擅长领域，为专业方向的选择提供参考。

（二）专业课程的深化与实践

专业课程是学生深入学科领域、掌握专业知识和技能的关键环节。这类课程不仅在理论上深化学科内容，更强调实际应用和专业实践。专业课程的作用主要包括以下几个方面。

1. 深化专业知识

专业课程是学生深入了解所选专业领域的重要途径。通过这些课程，学生可以深入研究专业核心概念、技术和方法，提高在特定领域的专业素养。

2．实践技能培养

专业课程通常伴随有实验、实习、项目等实践环节，培养学生在实际工作中所需的技能。这些实践活动有助于将理论知识转化为实际操作能力，提高学生的职业竞争力。

3．职业方向准备

专业课程还为学生未来的职业方向提供了有针对性的准备。通过深入学习专业知识和实际工作经验的积累，学生更容易适应相关行业的要求，增加就业机会。

（三）通识教育课程的全面素养培养

通识教育课程是培养学生全面素养的桥梁，它不仅关注学科知识，更强调跨学科、跨文化的综合素养。通识教育课程的作用主要包括以下几个方面。

1．跨学科思维培养

通识教育课程涵盖多个学科领域，有助于培养学生的跨学科思维。通过不同学科的学习，学生能够建立起综合性的认知，拓宽自己的知识视野。

2．全球化视野拓展

通识教育课程通常包括国际事务、文化交流等内容，有助于拓宽学生的全球化视野。这种跨文化的学习体验有助于培养学生在国际化环境中的适应能力。

3．批判性思考与解决问题的能力

通识教育课程强调批判性思考和解决问题的能力。通过学习不同领域的知识，学生能够培养独立思考、分析问题的能力，提高综合素养。

（四）实践课程的实际运用与社会责任

实践课程强调学生在实际场景中应用知识、解决问题的能力，旨在增加学生的实际操作经验并增强学生的社会责任感。实践课程的作用主要包括以下几个方面。

1．实际应用能力培养

实践课程通过实际项目、实习、实训等方式，使学生能够将学到的理论知识应用到实际场景中，培养实际应用能力。这种能力对学生未来的职业发展至关重要，使其更具竞争力。

2. 社会责任感培养

实践课程还有助于培养学生的社会责任感。通过参与社区服务、公益活动等实践项目，学生能够认识到自己在社会中的角色和责任，形成积极向上的社会价值观。

3. 团队协作与沟通技能提升

实践课程通常涉及团队协作，要求学生与他人共同完成任务。这有助于提升学生的团队协作和沟通技能，培养其在团队中更好地发挥作用的能力。

（五）选修课程的个性化拓展与发展

选修课程为学生提供了更大的个性化空间，能够根据个人兴趣和职业发展方向进行选择。选修课程的作用主要体现在以下几个方面。

1. 个性化兴趣拓展

选修课程可以满足学生个性化的兴趣需求，使其能够在感兴趣的领域深入学习，激发学习的主动性。

2. 职业发展方向塑造

选修课程的选择可以有针对性地塑造学生的职业发展方向。学生可以选择与自己未来职业相关的课程，提前为职业发展做好准备。

3. 跨学科交叉学习

选修课程还可以促进学科之间的交叉学习。学生有机会通过选修不同学科的课程，培养跨学科的综合素养，提高综合解决问题的能力。

（六）实验课程的探索精神与创新思维

实验课程是培养学生探索精神和创新思维的有效途径，其作用主要表现在以下几个方面。

1. 科学方法与实验设计

实验课程培养学生科学方法的运用和实验设计的能力。通过实际操作，学生能够了解科学研究的过程，提高实验设计和数据分析的能力。

2. 问题解决与创新能力

实验课程鼓励学生主动探索未知领域，培养他们的问题解决和创新能

力。在实验中遇到问题时，学生需要动脑筋思考解决方案，培养独立思考和创造性思维。

3. 实践操作技能提升

实验课程不仅能够帮助学生将理论知识应用于实际，还提升了实践操作技能。这对于工程、医学等实践性强的专业尤为重要。

（七）在线课程的灵活学习与信息获取

随着科技的发展，在线课程在课程体系中的地位逐渐凸显，其作用主要体现在以下几个方面。

1. 灵活学习时间与地点

在线课程使学生能够更加灵活地安排学习时间和地点，有助于适应不同学生的学习需求和生活方式。

2. 跨地域资源获取

通过在线课程，学生可以获取全球范围内的优质教育资源。这种跨地域的资源获取有助于提升学生的学科水平，拓宽其全球化视野。

3. 数字技术应用

在线课程通常需要结合数字技术，通过丰富的多媒体资料、实时互动等方式提供更生动、直观的学习体验，促使学生更好地理解和消化知识。

各类课程在课程体系中相互关联、相互支持，共同构建起学生全面成长的框架。核心课程奠定学科基础，专业课程深化专业知识与实践，通识教育课程培养全面素养，实践课程强调实际运用与社会责任，选修课程实现个性化拓展，实验课程培养探索精神与创新思维，而在线课程为学生提供灵活学习与全球资源获取的机会。这些课程共同构建起一个丰富多彩、适应未来需求的课程体系，为学生的综合发展提供了有力支持。

三、创新创业课程内容设计的基本原则

（一）针对目标受众的差异性原则

创新创业课程的受众可能涵盖不同专业、不同年级、不同背景的学生。因此，内容设计应当考虑到目标受众的差异性。这一原则包括以下几个方面。

1. 考虑专业差异

不同专业的学生在创新创业方面可能具有不同的基础知识和技能。课程内容需要根据不同专业的学生特点，有针对性地设计模块，确保课程能够满足不同专业学生的需求。

2. 考虑学科交叉

创新创业往往涉及多个学科领域，课程内容设计应当鼓励学科交叉。通过引入跨学科的案例、项目和讲师，促使学生在不同学科领域中获得启示，培养跨学科思维。

3. 考虑年级层次

不同年级的学生对创新创业的理解和能力水平存在差异。课程内容的设计要因年级而异，逐渐加深难度，适应学生在不同学年的成长和发展阶段。

（二）注重实践性和项目导向原则

创新创业课程的本质是培养学生的实践能力，因此，内容设计应强调实践性和项目导向。以下是相关原则。

1. 项目化教学

课程内容设计应当加入具有实践性的项目，让学生在实际操作中学到知识和技能。这有助于提高学生的问题解决能力和实际操作能力。

2. 创业计划开发

引导学生从零开始编写创业计划，涵盖市场调研、商业模式设计、财务规划等方面。通过实际的创业计划开发，培养学生的创业思维和商业意识。

3. 企业实习和合作

通过与企业合作或实习，让学生深入了解创新创业的实际运作，与业界人士互动，获得实际经验。这种实践性的学习方式有助于学生更好地融入创新创业领域。

（三）培养创新思维的原则

创新创业课程的目的之一是培养学生的创新思维，使其能够在不断变化的社会中找到机会，以下是相关原则。

1. 提倡开放思维

课程内容设计应当鼓励学生保持开放的思维，接受不同观点和意见。引入创新思维的案例和教学方式，激发学生的创新灵感。

2. 培养问题解决能力

通过课程内容设计，引导学生面对挑战时能够运用创新思维解决问题。这包括培养学生的批判性思维、分析问题的能力及找到创新解决方案的能力。

3. 鼓励失败与反思

创新创业往往伴随着风险和失败，课程内容设计应鼓励学生接受失败，从失败中汲取经验教训。通过案例分享和反思，促使学生更加勇于尝试创新。

（四）倡导可持续发展原则

可持续发展是当今社会的重要理念，创新创业课程内容设计也应该体现可持续性，以下是相关原则。

1. 引入可持续创新案例

通过引入以可持续发展为核心的创新案例，激发学生对可持续发展的兴趣和认知，培养他们在创新创业中考虑环境和社会责任的能力。

2. 可持续商业模式

课程内容设计应当探讨可持续商业模式的构建，使学生了解在创新创业中如何在实现经济效益的同时，考虑社会和环境的可持续性。通过分析和讨论企业在经济、社会和环境方面的影响，培养学生对企业社会责任和可持续发展的认识。

3. 可持续创业项目

鼓励学生在创新创业项目中融入可持续发展的理念，设计对社会和环境友好的产品或服务。通过实际的项目实践，培养学生在创业中考虑可持续性的思维方式。

（五）整合科技与创新原则

创新创业领域与科技密不可分，课程内容设计应当紧密结合科技趋势和创新理念，以下是相关原则。

1. 引入最新科技趋势

创新创业课程内容要及时更新，引入最新的科技趋势和创新技术。学生需要了解并运用当前科技发展的最新成果，以更好地适应创新创业领域的变革。

2. 数字化教学手段

课程内容设计应充分利用数字化教学手段，包括在线资源、虚拟实验、远程合作等。通过数字化手段，能够更好地展示和演示创新创业过程，优化学生的学习体验。

3. 技术创新项目

鼓励学生在课程中参与技术创新项目，通过实际操作掌握相关技术，培养他们的技术创新能力，这可以通过与科技公司的合作、开展实验室项目等方式实现。

（六）激发团队合作与沟通原则

创新创业往往需要团队合作，因此课程内容设计要激发学生的团队协作和沟通能力，以下是相关原则。

1. 团队项目设计

将课程设计为团队项目的形式，让学生在团队中合作解决问题，培养他们的团队协作和沟通技能。

2. 创业沟通培训

培养学生在创新创业中的沟通技能，包括演讲、写作、团队会议等方面。这有助于学生更好地向外界传递创业项目的理念，吸引潜在投资者或用户。

3. 跨专业合作

设计项目和案例要鼓励跨专业的合作。通过跨学科的合作，学生能够从不同专业的角度获取不同的见解和解决问题的方式。

创新创业课程内容设计的基本原则旨在满足不同受众的需求，强调实践性和项目导向，培养创新思维，注重可持续发展，整合科技与创新，激发团队合作与沟通。这些原则不是孤立存在的，而是相互交织、相辅相成的，共同构建了一个全面、系统的创新创业课程内容体系，为学生提供了更丰富、

更实用的知识和技能。在实际教学中，教育者可以根据实际情况灵活运用这些原则，不断优化和创新课程内容，以更好地服务学生的创新创业教育。

第三节 创新创业教育课程体系的课程设置

一、核心课程的确定与设计

（一）核心课程的确定

1. 学科结构与综合素养

核心课程的确定首先需要考虑学校的学科结构和教育理念。学科结构的合理性直接关系到学生获得全面知识和综合素养的能力。因此，在确定核心课程时，需要综合考虑各学科的重要性和互补性，确保学生在学习主修专业的同时，能够接触到其他学科领域的基本知识。

2. 教育目标与社会需求

核心课程的确定也需要紧密围绕教育目标展开。学校的教育目标通常包括培养学生的批判性思维、创新能力、团队协作精神等。因此，核心课程的设置应当有助于实现这些目标，使学生在学业结束时具备综合素养，能够适应社会的需求。

3. 社会反馈与行业需求

核心课程的设置需要充分考虑社会反馈和行业需求。了解当前社会对人才的期望和各个行业的发展趋势，有助于更准确地确定核心课程的内容。这需要学校与社会、行业保持密切联系，进行定期的需求调研和反馈分析。

4. 学科前沿与科技发展

随着科技的不断发展，一些新兴学科和领域受到越来越多的关注。核心课程的确定需要及时关注学科前沿和科技发展，引入新的知识和理念，确保学生能够接触到最新的科技成果和思潮，保持对未来的适应能力。

（二）核心课程的设计

1. 课程结构与体系

核心课程的设计要有清晰的结构和体系，确保各门课程之间有机衔接，

形成一个有机的整体。这包括设置基础课程、专业基础课程、跨学科课程等，使学生在学业过程中逐步深化对专业知识的理解。

2. 课程内容与学科特点

核心课程的设计需要注重课程内容的合理性和学科特点的突出。核心课程应当侧重培养学生的专业素养，强调专业知识和实践技能的结合。同时，跨学科的内容设计有助于培养学生的综合能力。

3. 教学方法与手段

核心课程的设计不仅涉及知识体系，还需要考虑教学方法和手段。采用多样化的教学方法，如案例教学、实验教学、讨论课等，有助于激发学生的兴趣，培养其独立思考和解决问题的能力。

4. 课程评价与反馈

设计好核心课程也需要考虑评价体系。课程评价不仅是对学生学业水平的反馈，更是对课程设置和教学方法的反思。建立科学的课程评价机制，及时收集学生的反馈意见，有助于不断优化核心课程的设计。

（三）关键问题与挑战

1. 专业性与通识性的平衡

核心课程的设计面临的一个挑战是如何在专业性和通识性之间取得平衡。一方面，要确保学生在主修专业方面有深厚的知识储备；另一方面，还要培养其在跨学科领域的综合素养。这需要设计灵活多样的课程，使学生能够在学习专业知识的同时接触到其他学科领域的基本概念。

2. 教育目标与实际执行的衔接

核心课程的设计需要与学校的教育目标紧密衔接，但在实际执行过程中，可能会遇到一些难以调和的问题。例如，学校强调创新能力的培养，但具体的课程设置和教学方法是否真正能够实现这一目标，需要认真思考和反复调整。

3. 科技发展与知识更新的压力

核心课程的设计还需应对科技发展和知识更新的压力。随着科技的迅速发展，一些新兴领域的知识可能迅速过时，传统领域的知识也可能需要不断

更新。因此，核心课程的设计要注重灵活性，随时调整课程内容，确保学生接触到最新的知识和技术。

4. 教育资源分配的问题

核心课程通常涉及多个学科领域，需要统筹各类教育资源。但在实际情况中，不同学科的资源分配可能存在差异，这会影响到核心课程的设计和实施。需要制订合理的资源分配计划，确保每门核心课程都能够得到充分的支持。

5. 学生个体差异的考虑

学生个体差异是核心课程设计中需要充分考虑的因素。不同学生具有不同的兴趣、学科倾向和学习方式，如何在核心课程中满足这些差异，提高学生的学习积极性，是一个需要认真思考的问题。因此，核心课程的设计要具有灵活性，允许学生在一定范围内选择符合自己兴趣和发展方向的内容。

（四）案例分析

为更具体了解核心课程的确定与设计，可以以一所高校为例进行分析。假设该高校的核心课程设置包括基础数学、人文历史、自然科学、创新创业等多个领域。在这个案例中，核心课程的确定与设计可以遵循以下步骤。

1. 识别学校的教育目标

学校需要明确自己的教育目标。例如，是否强调培养学生的创新能力、社会责任感、团队协作等。这有助于为核心课程的设计提供指导。

2. 分析学科结构和专业需求

通过分析学校的学科结构和各专业的需求，确定哪些学科领域应该纳入核心课程，以保证学生在完成主修专业学习的同时，具备全面的知识基础。

3. 调查社会反馈和行业需求

与社会、行业保持密切联系，了解社会对人才的期望和行业对专业技能的需求。这有助于调整核心课程内容，使之更符合社会和行业的实际需求。

4. 结合学科前沿和科技发展

紧密关注学科前沿和科技发展，引入新的知识和理念。可以通过邀请业界专家、开设前沿科技讲座等方式，确保核心课程紧跟时代潮流。

5. 设计灵活的课程结构

设计灵活多样的课程结构，包括基础课程、专业基础课程、跨学科课程等。允许学生在一定范围内选择符合自己兴趣和发展方向的内容，提高学习的自主性。

6. 采用多元化的教学方法

结合不同的教学方法，如案例教学、实验教学、讨论课等，激发学生的兴趣，培养其独立思考和解决问题的能力。

7. 建立科学的评价体系

建立科学的课程评价体系，包括考试、作业、项目实践等多个环节，及时收集学生的反馈意见，有助于不断优化核心课程的设计。

核心课程的确定与设计是高校教育中的一项关键工作。在这个过程中，学校需要充分考虑学科结构、教育目标、社会需求等多个方面的因素，确保核心课程既满足学科要求，又能够培养学生的综合素养和实际能力。关键在于平衡专业性和通识性，紧跟社会和科技的发展，灵活运用多元化的教学方法，建立科学的评价体系。

在核心课程的设计中，学校需要不断进行调查研究，与社会和行业保持密切联系，及时了解各个领域的最新需求和趋势。灵活运用课程结构，根据学科特点和学生个体差异，设计出有趣、实用且具有前瞻性的核心课程。

同时，为了确保核心课程的实际效果，建议学校采取定期的评估机制，通过学生评价、教师反馈等方式，及时了解核心课程的教学效果，发现问题并进行调整。

总体而言，核心课程的确定与设计需要全校师生的共同努力，既要充分体现专业性，又要注重通识素养的培养，确保学生在接受高等教育的过程中获得全面的知识储备和能力提升。通过科学的规划和灵活的执行，核心课程将为学生的未来发展奠定坚实的基础。

二、选修课程的设置与实施

高校教育的多样性体现在学科设置的广泛性和灵活性上，而选修课程作为其中的一部分，为学生提供了更加丰富的学习选择。选修课程的设置与实施涉及到学校的课程规划、学科发展战略、学生需求，以及教学资源的充分

利用等方面。下文将深入探讨选修课程的设计、管理和实施等方面的关键问题，以促进高校教育的多元化和个性化发展。

（一）选修课程的设计

1. 确定选修课程的目标

选修课程设计的首要任务是明确课程的目标。这包括培养学生的专业深度、拓展学科广度、提高综合素养等方面。学校需要考虑到学科发展趋势、社会需求和学生兴趣等因素，以确保选修课程目标与整体教育目标相一致。

2. 了解学生需求和兴趣

学生的需求和兴趣是选修课程设计的重要依据。学校可以通过调查问卷、座谈会等形式了解学生对于特定学科或主题的兴趣，以便提供更贴近学生需求的选修课程。这也有助于吸引更多学生积极参与选修。

3. 考虑社会和行业需求

选修课程应该与社会和行业的需求相契合，使学生在学习过程中能够获取实际应用价值。通过与相关企业、机构合作，学校可以更好地把握社会和行业的发展方向，为选修课程的设置提供更有针对性的指导。

4. 保持学科前沿性

选修课程应该具有一定的前瞻性，关注学科的新进展、新理论、新技术等。这有助于激发学生的学科兴趣，培养其创新精神。学校可以通过邀请行业专家、学术大师参与选修课程的设计和授课，确保其学科前沿性。

5. 考虑跨学科设置

为了培养学生的综合素养，选修课程可以考虑跨学科设置。这种设计有助于拓宽学生的学科视野，促使其形成更加全面的知识结构。跨学科设置也能够更好地应对复杂多变的社会问题，培养学生解决问题的能力。

（二）选修课程的管理

1. 建立明确的选修课程政策

学校需要建立明确的选修课程管理政策，包括选修课程的学分要求、选课资格、选课程序、退选规定等方面的规定。这有助于保障选修课程的有序进行，确保学生的学业发展不受制约。

2. 合理安排选修课程的时间和地点

选修课程的时间和地点安排应该与学生的主修课程相协调，避免时间冲突和学业负担过重。学校可以借助现代化的课程管理系统，提供在线选课服务，方便学生根据个人时间表进行选择。

3. 确保选修课程的师资力量

选修课程的师资力量至关重要。学校需要确保选修课程能够吸引到具有丰富经验和专业知识的教师，为学生提供高质量的教学。鼓励教师参与选修课程的设计和更新，保持课程的新颖性和前瞻性。

4. 设置选修课程评估机制

为了评估选修课程的教学效果，学校可以建立科学的评估机制。这包括学生的课程评价、教师的教学反馈、学科实践成果等多个层面的评估手段。通过持续性的评估，学校可以及时了解选修课程的问题，进行改进和优化。

（三）选修课程的实施

1. 制订实际可行的课程计划

选修课程的实施需要制订实际可行的课程计划。这包括确定每门课程的课时安排、实验实践环节、考核方式等具体细节。计划应该充分考虑到学生的学业负担和实际学习需求，避免过度安排导致教学效果不佳。

2. 提供多样化的教学方法

为了激发学生的学习兴趣和提高课程的吸引力，选修课程的实施应该采用多样化的教学方法。例如，可以结合案例分析、小组讨论、实地考察等方式，使学生能够在不同的情境中学到知识和技能。此外，引入互动式教学、实践性项目等元素，促使学生更深入地理解和应用所学内容。

3. 强化实践环节和实际应用

选修课程的实施过程中，实践环节和实际应用是关键的一部分。通过实地考察、实验操作、实习实训等方式，使学生能够将理论知识与实际问题相结合，提高其解决实际问题的能力。学校可以与企业、行业建立合作关系，为学生提供更多实践机会。

4. 创造积极的学习氛围

为了积极推动选修课程的实施，学校需要创造积极的学习氛围。这包括

鼓励学生参与讨论、提问，组织相关学术活动、比赛等，激发学生的学科兴趣。此外，建立学科兴趣小组、研究团队等，促进学生之间的交流和合作。

5. 进行定期的课程评估和调整

选修课程的实施并不是一成不变的，需要进行定期的课程评估和调整。通过学生的反馈意见、教师的教学经验总结、课程实际效果等方面的评估，及时发现问题并进行调整。学校可以设立课程评估小组，定期对选修课程进行评估，确保其质量和效果。

选修课程的设置与实施是高校教育中的重要组成部分，对于提高学生的综合素养、拓宽学科视野、培养实际应用能力具有重要意义。通过合理的选修课程设计、科学的管理机制和积极的实施策略，学校可以为学生提供更加灵活和个性化的学习体验，推动高校教育朝着更加多元、创新的方向发展。

三、实践性课程在体系中的地位与作用

随着社会经济的不断发展和科技的不断进步，高等教育面临着更加复杂多变的挑战。为了培养更具实际应用能力的人才，实践性课程在高校教育体系中逐渐崭露头角。实践性课程强调将理论知识与实际操作相结合，通过实践活动培养学生的创新能力、解决问题的能力，以及团队协作能力。下文将深入探讨实践性课程在高校教育体系中的地位与作用，以期为高校教育的改革与发展提供有益的参考。

（一）实践性课程的概念及特点

1. 实践性课程的概念

实践性课程是指那些强调学生动手能力、实际操作，以及实地实践的课程，旨在通过真实的场景和实际问题，培养学生的实际应用能力。这类课程不仅关注理论知识的传授，更注重学生在实际操作中的学习与体验。

2. 实践性课程的特点

注重实际操作：实践性课程通过实际操作，让学生亲身体验和应用所学知识，加深对理论的理解。

强调问题解决：实践性课程通常以问题为导向，培养学生解决实际问题的能力，提高创新思维。

注重团队协作：实践性课程通常以项目为载体，要求学生在团队中协作完成任务，培养团队协作与沟通能力。

结合产业需求：实践性课程紧密结合产业需求，使学生具备更好的就业竞争力。

（二）实践性课程在高校教育体系中的地位

1. 实践性课程与学科体系的关系

实践性课程与学科体系相辅相成，两者相互促进。实践性课程强调的是知识在实际应用中的作用，而学科体系更注重理论体系的建构。实践性课程通过实际案例，拓展学科的应用领域，为学科体系提供实践基础。

2. 实践性课程与综合素养的培养

实践性课程是培养学生综合素养的有效途径之一。通过实践性课程，学生不仅能够掌握专业知识，还能培养实际操作的技能、团队协作的精神及解决问题的能力，使综合素养得到全面提升。

3. 实践性课程与就业市场的连接

实践性课程能够更好地满足就业市场的需求。通过实际操作和实践项目，学生能够更好地适应职场环境，具备实际工作中所需的技能和素质，提高就业竞争力。

（三）实践性课程的作用与意义

1. 培养实际应用能力

实践性课程通过实际操作，让学生在真实场景中运用所学知识，培养实际应用能力。学生通过动手操作，更深刻地理解专业知识，提高解决实际问题的能力。

2. 促进创新思维

实践性课程强调问题导向，通过实际项目培养学生的创新思维。学生在解决实际问题的过程中，需要思考创新性的解决方案，培养独立思考和创造性思维。

3. 提高团队协作能力

许多实践性课程以团队项目为主，通过团队合作完成任务。这有助于学生培养团队协作、沟通协调的能力，提高集体智慧的发挥。

4. 增强职业素养

实践性课程紧密结合产业需求，使学生在学习过程中更贴近实际工作环境。这有助于学生更早地适应职场，提前培养职业素养，为未来就业打下坚实基础。

（四）实践性课程设计与实施的关键问题

1. 教学团队的建设

实践性课程需要具备丰富实际经验和专业知识的教学团队。学校应该鼓励教师参与实践项目，与企业、行业保持紧密联系，不断提升团队的实践水平。

2. 实践性教材和资源的准备

实践性课程的成功实施离不开丰富、系统的实践性教材和资源的支持。学校需要投入资金和人力，开发实用性强的实践性教材，为学生提供充足的实践资源，确保实践性课程的顺利进行。

3. 项目设计与管理

实践性课程通常以项目为载体，因此项目的设计与管理至关重要。学校需要设立专门的项目设计与管理团队，负责课程项目的策划、组织和监督，确保项目能够达到预期的教学效果。

4. 评估与反馈机制

为了有效评估实践性课程的效果，学校需要建立完善的评估与反馈机制。通过学生的表现、实际项目的成果、企业和行业的反馈等多方面的信息，对实践性课程进行定期评估，及时调整课程设计和实施方案。

5. 校企合作与资源整合

实践性课程的设计和实施需要学校与企业、行业建立紧密的合作关系。学校可以与企业签订合作协议，共同开发实践项目，利用企业资源为学生提供实践机会，实现校企共赢。

实践性课程作为高校教育体系中的重要组成部分，具有培养学生实际应用能力、提高综合素养、连接产业需求的显著优势。然而，实践性课程的设计与实施面临一系列挑战，需要学校深入思考如何加强教学团队建设、完善评估机制、拓展校企合作等方面的工作。

未来，随着社会的不断发展和产业结构的变化，实践性课程将更加重要。学校需要积极创新教学方法，结合行业需求，设计更具针对性和实际性的实践性课程，为学生提供更广阔的职业发展空间。同时，学校还需要加强对实践性课程的研究，总结成功经验，为高校教育体系的不断优化提供更多有益的经验。通过共同努力，实践性课程必将在高校教育中发挥更为重要的作用，为培养更多具有实际应用能力的优秀人才作出更大的贡献。

第四节　创新创业教育课程体系的实施

一、逐渐转变创新创业教育理论

随着社会经济的不断发展和科技的快速进步，创新创业成为推动社会进步和经济发展的重要力量。创新创业教育作为培养创新人才和推动创业精神的关键组成部分，其理论框架也在不断演变和完善。以下将深入探讨创新创业教育理论的逐渐转变过程，分析其演进的原因和对高等教育的影响。

（一）传统创业教育理论的局限性

1. 对企业家精神的理解相对机械

传统创业教育理论在早期主要关注培养学生的企业家精神，但对企业家精神的理解相对机械，主要集中在创业者的个人特质和经验上，忽视了创业环境和创业过程的综合影响。

2. 缺乏跨学科综合性

传统创业教育理论往往将创业过程划分为创意、计划、执行等阶段，但缺乏对不同学科的跨界整合。这使得学生难以全面理解创业过程中的多元要素，无法在复杂的商业环境中灵活应对。

3. 缺乏实践导向

过去的创业教育理论偏向于理论知识的传授，缺乏实践导向。学生在传统创业课程中难以获得真实创业经验，限制了他们在实际创业中的能力发展。

（二）创新创业教育理论的转变

1. 强调创新能力的培养

随着创新在社会发展中的重要性日益凸显，创新创业教育理论逐渐强调培养学生的创新能力。不再仅将创业看作是创业者个体的行为，而是强调整个社会和组织的创新能力。

2. 引入设计思维和跨学科融合

新的创新创业教育理论引入了设计思维和跨学科融合的概念。通过设计思维，学生能够更好地理解用户需求，从而更有针对性地进行创新。跨学科融合则强调不同学科之间的协同作用，提高学生在多领域合作中的能力。

3. 注重实践与社会责任

转变后的理论更加注重实践导向，强调学生通过实际项目参与和社会实践，提升创新创业技能。同时，强调企业在创新创业过程中应当承担社会责任，关注可持续发展。

（三）转变原因分析

1. 社会经济结构的变化

随着科技和信息技术的快速发展，传统产业面临着新的挑战，创新成为推动经济增长的关键。因此，创新创业教育理论的转变与社会经济结构的变化密切相关。

2. 全球化背景下的竞争压力

全球化使得企业面临更加激烈的国际竞争，创新能力成为企业立足全球市场的核心竞争力。创新创业教育理论的转变是为了培养更具国际竞争力的人才。

3. 科技与信息时代的要求

科技与信息时代对人才提出了更高的要求，传统的创业教育理论已经无法满足时代需求。新的理论更注重培养学生的学科综合能力和创新思维，使其具备适应快速变化的科技和信息环境的能力。

4. 创业生态的复杂性

现代创业生态日益复杂，涉及众多利益相关者，包括企业、投资者、政府、社会组织等。新的创新创业教育理论更加关注整个创业生态系统的运作，强调让学生理解并融入创业生态中。

（四）对高等教育的影响

1. 提升学生的实际应用能力

新的创新创业教育理论注重实践导向，通过项目实践和社会实践，使学生在实际操作中掌握知识，提升解决实际问题的能力，提高实际应用能力。

2. 培养跨领域综合能力

跨学科融合的理念使得学生能够更好地理解和应对多领域的问题，提升学生的综合素养。培养跨领域综合能力有助于学生更好地适应复杂多变的创新创业环境。

3. 强调创业的社会责任

新的理论将创业与社会责任相结合，使学生在创业过程中更加注重社会影响和可持续发展。这有助于培养具有社会责任感的创业者，推动企业在创新创业中注重社会贡献。

4. 培养创新思维和团队协作

设计思维的引入有助于培养学生的创新思维，使其更好地理解用户需求，提高解决问题的创造性。同时，强调团队协作使得学生能够更好地在团队中发挥协同效应。

（五）未来发展趋势与建议

1. 倡导终身学习观念

未来，创新创业教育理论的发展需要倡导终身学习观念，使学生能够不断适应和应对快速变化的社会和经济环境。

2. 强调数字化和科技创新

数字化和科技创新是未来社会发展的主要趋势，创新创业教育理论需要更加强调数字化和科技创新的培养，以适应未来职业的要求。

3. 拓展国际合作

创新创业教育理论的转变需要更多的国际合作，借鉴和吸收不同国家和地区的成功经验，共同推动创新创业教育的发展。

4. 加强与产业的深度合作

创新创业教育需要更加深度地与产业合作，将教育与实际创新创业环境更好地结合起来，为学生提供更丰富的实践机会。

创新创业教育理论的转变反映了社会对人才培养的新要求和创新创业环境的变化。从强调个体创业能力到注重创新能力、实践导向和社会责任，创新创业教育理论在不断演进中逐渐呈现出更为全面、综合和符合时代需求的特点。未来，随着社会的发展，创新创业教育理论将进一步深化和拓展。

二、提高高校对创新创业教育的重视程度

（一）创新创业教育的现状分析

1. 创新创业教育地位的提升

近年来，随着社会对创新创业的需求不断增加，高校中创新创业教育的地位逐渐提升。越来越多的高校将创新创业教育纳入到人才培养的重要组成部分，设置了相关课程和实践项目。

2. 学科体系的拓展

一些高校开始拓展创新创业教育的学科体系，设立了创业管理、创新设计等专业方向。这有助于提供更加系统和专业的创新创业培养环境，为学生提供更多的选择。

3. 创业孵化基地的建设

部分高校积极建设创业孵化基地，为学生提供创业的实际平台。这种基地往往与企业、科研机构合作，提供资源支持，帮助学生更好地进行创新实践。

4. 创新创业竞赛的推动

为激发学生的创新热情，一些高校积极推动创新创业竞赛。通过参与比赛，学生可以将理论知识应用到实际中，提高实践能力，也为未来创业奠定了基础。

（二）存在的问题及挑战

1. 教育资源分配不均

尽管一些高校对创新创业教育给予了足够的关注，但在整个高校系统中，仍存在教育资源分配不均的问题。一些学科相对于传统学科更难得到充分支持，导致相关课程和项目的开展受到限制。

2. 创新创业氛围不浓厚

在一些高校中，创新创业氛围并不浓厚。学生的创新创业热情相对较低，部分原因是高校文化、教育体制等方面的限制，缺乏对创新创业的全方位支持。

3. 实践环节不足

一些高校创新创业教育更注重理论知识的传授，而忽视了实践环节的设置。学生缺乏实际创业经验，导致毕业后难以迅速适应创业环境。

4. 企业与高校合作不够紧密

部分高校与企业合作机制尚未形成良好的闭环。企业在创新创业教育中的参与度不高，缺乏与高校深度融合的模式，使得创新创业教育难以真正贴近实际需求。

（三）提高高校创新创业教育重视程度的建议

1. 加大投入，优化资源配置

高校应当加大对创新创业教育的投入，优化相关资源的配置。通过设立专项资金、引进创业导师、建设实践基地等方式，确保创新创业教育获得足够的支持。

2. 打造创新创业文化

高校应当通过改革教育体制、完善激励机制等措施，打造浓厚的创新创业文化。这包括鼓励师生参与创新活动，设立相关奖励机制，促使创新创业成为学校的核心价值。

3. 强化实践环节，提升实际能力

高校创新创业教育需要更加注重实践环节，设置创业实训课程、组织实地考察等方式，提升学生的实际能力。同时，鼓励学生参与创新创业竞赛，锻炼团队协作和解决实际问题的能力。

4. 搭建产学研合作平台

高校应当积极搭建产学研合作平台，加强与企业的紧密合作。建立行业导向的创新创业实践基地，使企业参与到高校创新创业教育中，为学生提供更多实际的创业机会。通过与企业的深度合作，高校能够更好地了解行业需求，为学生提供更贴近实际的创新创业教育。

5. 推动跨学科融合

高校应当推动跨学科融合，将创新创业教育与其他学科融为一体。通过跨学科的教学和研究，培养学生更全面的素养，使其能够更好地在创新创业领域中发挥综合优势。

6. 激发学生创业热情

通过丰富多彩的创新创业活动，高校可以激发学生的创业热情。例如，组织创新创业讲座、邀请成功创业者分享经验，为学生提供创业导师，帮助学生更好地了解创业的过程和面临的挑战。

7. 建立创新创业教育评估体系

高校需要建立科学的创新创业教育评估体系，对教育质量进行全面评估。通过评估结果，高校可以了解教育的实际效果，及时进行调整和改进，确保创新创业教育的持续提升。

高校对创新创业教育的重视程度直接关系到国家未来创新能力的培养和社会创业环境的改善。通过加大投入、优化资源配置、打造创新创业文化、强化实践环节、搭建产学研合作平台等方式，高校可以更好地推动创新创业教育的发展。这不仅有助于培养更多的创新人才，也为社会创新创业提供了更强有力的支持。在未来，高校应当不断总结创新创业教育的经验，不断创新教育模式，促使更多的学生受益于创新创业教育，为社会和国家的发展贡献更多的智慧和力量。

三、提升社会对创新创业教育的认识水平

（一）当前社会对创新创业教育的认知状况

1. 认知水平的不均衡

当前社会对创新创业教育的认知水平存在明显的不均衡。在一些发达城

市和经济发展较快的地区，人们对创新创业教育有一定的了解，并认为其对个人和社会有积极的作用。然而，在一些欠发达地区，对创新创业教育的认知相对较低。

2. 对创业的狭隘理解

一部分社会群体对创新创业的理解仍停留在传统的商业创业层面，忽视了创新创业的多元化和广泛应用。创新创业教育并不仅是培养商业创业者，更包括培养具备创新能力的科研人才、技术人才等。

3. 教育成果认知的滞后

创新创业教育的成果常常需要较长时间才能显现，但一些社会成员误认为其会在较短时间内产生效果，导致对创新创业教育的认知滞后。长期投入的教育工作需要社会给予更多的理解和支持。

（二）社会对创新创业教育认知不足的原因

1. 传统教育观念的影响

传统的教育观念依然在一些地区和家庭中占据主导地位，强调应试教育，忽视了创新创业教育的重要性。这导致了社会对于创新创业教育认知的相对滞后。

2. 信息传播不畅

创新创业教育的理念和成果在一些地区得不到充分的宣传和传播。信息传播不畅导致公众对创新创业教育的认知难以提高，错失了更多深入了解的机会。

3. 社会对创新创业价值的认知局限

社会对于创新创业的认知往往局限于其经济价值，而忽视了其对社会、文化和科技的全方位推动作用。这种认知局限限制了社会对创新创业教育的深刻理解。

（三）提升社会对创新创业教育认知水平的建议

1. 加强创新创业教育的宣传与推广

政府、教育机构和企业应联合开展创新创业教育的宣传与推广活动，通过媒体、社交平台等多种渠道向社会传递创新创业教育的理念、目标和成果。在宣传中，突出创新创业教育的多元化和全面性。

2. 引导媒体关注创新创业教育的典型案例

通过引导媒体关注创新创业教育的成功案例，让社会看到创新创业教育在实践中取得的成就。通过这些案例，可以更生动地展示创新创业教育的价值和影响，激发社会对其的认同感。

3. 开展社区创新创业教育活动

在社区层面组织创新创业教育活动，向社区居民普及创新创业教育知识，提高他们的认知水平。可以通过举办讲座、培训班、创业比赛等方式，将创新创业教育带到更加贴近生活的场景中。

4. 引导家庭关注创新创业教育

家庭教育是影响学生认知的重要因素，因此需要通过家长会、家庭访谈等途径，向家庭传递创新创业教育的重要性。引导家庭从小培养孩子的创新思维和创业意识，形成积极的家庭教育氛围。

5. 建立社会对创新创业教育的评估机制

建立社会对创新创业教育的评估机制，通过对创新创业教育成果的客观评估，向社会传递创新创业教育的实际效果。这可以通过定期发布创新创业教育的成果报告、成功案例和学生创业项目的展示等方式进行。

6. 促进产业界与高校合作

加强产业界与高校的合作，建立更紧密的产学研合作平台。产业界可以提供实际的创新创业需求和场景，高校则通过教育培训和科研支持满足产业的需求。通过合作，产业界能更深入地了解创新创业教育的价值，从而更好地支持和推动创新创业教育发展。

7. 开展跨领域对话与合作

促进不同领域之间的对话与合作，加强创新创业教育与其他领域的融合。可以通过组织跨学科的论坛、研讨会，邀请来自不同领域的专家学者共同探讨创新创业教育的理念和实践，推动不同领域的知识和经验交流。

8. 提高创新创业教育师资水平

加强创新创业教育师资队伍的培养和提高，确保教师具备丰富的实践经验和前沿的创新创业知识。通过持续的培训和交流，教师能够更好地引导学生，同时也能更好地向社会传递创新创业教育的核心理念。

提升社会对创新创业教育的认知水平是一个复杂而长期的过程，需要各方共同努力。通过加强创新创业教育的宣传与推广、引导媒体关注典型案例、开展社区教育活动、促进产业界与高校合作、建立评估机制、进行跨领域对话与合作、提高师资水平等多方面的努力，可以逐步改变社会对创新创业教育的认知状况。

创新创业教育是培养未来社会创新者和创业家的重要途径，其价值不仅体现在个人的职业发展和成就，更体现在社会的全面进步和可持续发展上。通过不断提升社会对创新创业教育的认知水平，社会将更好地理解、支持并参与创新创业教育，为建设创新型社会和培养更多的创新创业人才奠定坚实基础。

四、优化创新创业环境

（一）创新创业环境的重要性

1. 促进经济增长

优化创新创业环境可以促进经济的稳健增长。创新创业是经济活力的源泉，能够推动产业升级、促进就业增长，为国家和地区的经济发展注入更多的动力。

2. 培养创新人才

良好的创新创业环境有助于吸引和培养更多的创新人才。这些人才在创新创业的过程中，不仅推动了科技和产业的发展，还为社会带来了更多的智慧和创造力。

3. 改善社会结构

通过创新创业，可以改善社会结构，促使资源的更加合理配置。新兴产业的发展能够引领整个社会向更为智能、绿色且可持续的方向转变，从而提高社会的整体素质。

4. 增加国际竞争力

创新创业环境的优化可以增强国家或地区的国际竞争力。具有创新活力的地区更容易吸引国际投资，吸纳全球性创新资源，提高在国际上的地位。

（二）当前创新创业环境存在的问题

1. 制度不够完善

一些地区的创新创业制度还不够完善，包括相关法规、政策等方面存在滞后或不够灵活等问题，制约了创新创业活动的开展。

2. 资金难题

创新创业的开展需要投入大量资金，而一些初创企业或创新项目可能面临资金难题。创业者普遍感到创业初期的融资难度大，这限制了创新创业的发展。

3. 人才短缺

一些地区缺乏高素质的创新人才，人才流动性不足，使得创新创业的活力受到制约。此外，创新人才的培养和引进也存在一定的难度。

4. 缺乏创业文化

一些地区的创新创业环境中缺乏浓厚的创业文化氛围，创业者面临的风险较大，对创业失败的容忍度相对较低，这阻碍了创新创业的蓬勃发展。

（三）优化创新创业环境的策略和建议

1. 完善创新创业法规与政策

政府应当加强对创新创业法规与政策的研究和制定，确保其及时、灵活地满足创新创业的需求。同时，应当适时修订与完善相关法规，减少对创新创业的制度性障碍。

2. 加大对创新创业的资金支持

政府和社会应当加大对创新创业的资金支持，建立更为灵活的融资体系。可以通过设立风险投资基金、引导社会资本参与等方式，降低初创企业项目融资的难度。

3. 加强人才培养和引进

政府和企业可以通过设立奖学金、人才引进计划等方式，加强对高素质创新人才的培养和引进力度。同时，加强与高校、科研机构的合作，建立创新人才的培养体系。

4. 建设创业文化

社会应当倡导并建设积极向上的创业文化，提高创业者的社会地位，鼓励创新创业。通过举办创业大赛、创业沙龙、创业论坛等活动，营造浓厚的创业氛围。

5. 推动创新与产业融合

政府和企业可以加强与产业界的合作，推动创新与产业的深度融合。通过建立产学研合作平台、支持创新型企业，促使科技创新更好地服务于实际产业发展。

6. 加强国际交流与合作

促进国际创新创业合作与交流，吸收全球创新资源。政府可以制定政策，鼓励本地创新企业与国际企业、科研机构进行合作项目，促使创新成果的国际化交流。同时，鼓励本地创新人才参与国际性的学术会议、科技展览等活动，拓宽视野，引进国际尖端技术和管理经验。

7. 提升创新创业教育水平

加强创新创业教育，培养更多具备创新创业精神的人才。高校和培训机构应当根据市场需求调整教育课程，注重实践操作，培养学生创新思维和实际操作能力。政府可以通过投入资金、设立奖学金等方式，提升创新创业教育的水平。

8. 建立创新创业评估体系

建立科学合理的创新创业评估体系，对创新创业企业和项目进行全方位的评估。通过评估结果，政府和投资机构可以更准确地了解创新创业项目的潜力和风险，有针对性地提供支持与帮助。

9. 加强科技与产业政策协同

科技政策与产业政策的协同对于创新创业的环境优化至关重要。政府应当制定支持科技创新的政策，同时配套产业政策，推动科技创新成果更好地转化为实际生产力，促进产业升级。

10. 提高创新创业公共服务水平

加强创新创业公共服务平台建设，提供全方位、多层次的服务。这包括法律咨询、市场推广、人才引进等多方面的服务，为创业者提供便利，降低创业成本，推动创新创业的顺利进行。

优化创新创业环境是一个系统工程，需要政府、企业和社会各界共同努力。通过加强法规建设、优化资金支持、培养创新人才、建设创业文化等多方面的努力，可以不断改善创新创业的生态环境，激发创新创业活力。希望在未来，社会各界能够更加关注和支持创新创业，为推动社会经济的可持续发展贡献力量。

第五章 创新创业教育师资队伍建设

第一节 创新创业教育师资队伍建设探析

一、师资队伍建设的基本需求

（一）培养与引进优秀教师

1. 搭建良好的培养体系

为了培养出高水平的教师，高校需要搭建完善的培养体系。这包括设立专业的师范类专业，为有志于从教的学生提供系统的师范培训。培养过程应涵盖教育理论、教育法律法规、教育心理学等多个方面的知识，以确保学生在毕业后具备一定的教育素养。

2. 提供系统的终身学习机会

教育领域发展迅速，教师需要不断更新自己的知识储备和教学方法。高校应该为在职教师提供终身学习机会，鼓励他们参与各类学术研讨、培训课程，保持教育前沿的理论和实践水平。

3. 引进具有国际化视野的教师

引进具有国际化视野的优秀教师是提升高校整体教育水平的有效途径。这些教师不仅在学科领域有深厚造诣，还能为学生提供国际化的教育体验，促使学生具备跨文化沟通和合作的能力。

（二）提升教师的综合素养

1. 提高学科素养

教师首先需要在自己的学科领域具备深厚的专业素养，包括熟练掌握学科知识、了解最新研究进展，以及在实际教学中应用学科知识能力。

2. 培养创新创业精神

现代教育需要培养学生的创新创业精神，而教师本身也应具备这一素养。高校应该通过组织创新项目、提供创业培训等方式，激发教师的创新潜能，使其成为创新创业教育的引领者。

3. 发展教育技术应用能力

随着信息技术的飞速发展，教育技术在教学中的应用愈发重要。教师需要具备运用多媒体、在线教学平台等现代教育技术的能力，以提高教学效果和吸引学生的兴趣。

4. 培养团队协作精神

良好的团队协作有助于共同解决教育中的问题，提升整个师资队伍的水平。高校应鼓励教师参与团队项目、跨学科研究，培养协作精神，促进教育资源的共享与整合。

（三）构建良好的教育环境

1. 提供良好的工作条件

提供舒适、安全的工作条件对于教师的工作积极性和创造力的发挥至关重要。高校应该不断改善教学楼、实验室、办公环境等设施，为教师创造良好的工作条件。

2. 设立激励机制

建立科学合理的激励机制，通过薪酬、晋升、荣誉等方面的激励，吸引并留住高水平的教师。激励机制不仅应关注学术研究的成果，也应重视教学和社会服务等方面的贡献。

3. 支持教育研究

鼓励教师参与教育研究，提升教育科研水平。高校应提供充足的研究资源，支持教师进行教育实践和教育理论的深入研究，从而提高教学质量。

4. 加强交流与合作

通过组织学术讲座、国际交流、学术合作等方式，鼓励教师积极参与学术活动，拓宽学术视野，并增进与国内外同行的交流与合作。这有助于教师不断学习、更新知识，提高教学水平，同时也促进学科发展和高校的国际化。

5. 建立健全的评价体系

建立全面科学的教师评价体系，综合考察教学、科研、社会服务等多个方面的表现。通过评价体系，对教师进行定期评估和激励，提高教师的职业素养，激发工作热情。

6. 提供持续的职业发展支持

为教师提供持续的职业发展支持，包括参与国内外学术研讨会、申请科研项目、发表论文等。高校可以设立专门的职业发展指导机构，帮助教师规划职业发展路径，提供相关培训和支持。

7. 强化教师的教育理念

高校应该通过教育理念的培训和引导，强调教师的教育使命感和责任感。培养教师对教育事业的热爱和责任心，使其能够以积极的态度投入到教学和学生的培养中。

8. 支持教育创新和实践

为教师提供支持，鼓励他们在教育创新和实践中发挥主动性。高校可以设立教育创新基金，资助有创新项目的教师，促使教学内容和方式的不断更新。

师资队伍建设是高等教育事业的关键环节，关系到高校教育质量和发展水平。通过培养与引进优秀教师、提升教师的综合素养、构建良好的教育环境等多方面的努力，可以不断提高高校师资队伍的整体水平。希望高校能够在师资队伍建设上加大投入，为培养更优秀的人才、推动高等教育的可持续发展作出更大的贡献。

二、不同层次师资的角色与作用

高校师资队伍是推动教育事业发展的关键力量，不同层次的师资在高校中承担着各具特色的角色与作用。从初级职称到高级职称，每个层次的教师都在教学、科研、社会服务等方面发挥着独特的作用。下文将探讨不同层次师资的角色与作用，以期为高校师资队伍建设提供一定的参考。

（一）初级职称师资

1. 角色定位

具有初级职称的教师通常是刚刚步入教育岗位的新手，他们可能在学科

知识上较为熟练，但在教学经验和科研实践方面相对欠缺。他们在高校中的主要任务是承担基础课程的教学工作，辅助高级职称教师进行科研项目的实施。

2. 角色作用

教学工作：初级职称教师承担大量的本科生课程，通过教学工作提升自己的教育能力。他们在课堂上教授基础知识，培养学生的基本学科素养。

科研支持：虽然在科研方面经验相对较少，但初级职称教师可以通过参与高级职称教师的科研项目，积累科研实践经验，逐步提升自己的研究水平。

学科建设：参与学科建设，为学科的教学内容更新和发展提供新的思路。初级职称教师的参与使得学科更具活力。

（二）中级职称师资

1. 角色定位

具有中级职称的教师在教育生涯中已积累了一定的教学和科研经验，具备一定的学科深度。他们在高校中承担的任务逐渐由基础课程扩展到专业课程，开始在科研方面独立承担一些项目。

2. 角色作用

教学与专业课程建设：中级职称教师负责更为专业的课程，能够通过结合实际工作经验为学生提供更深入的专业知识。

科研独立承担：具备一定的科研能力，中级职称教师开始独立承担科研项目，推动学科领域的发展。

学科群体带动：通过在教学和科研方面的积累，中级职称教师成为学科团队中的关键人物，能够带动学科团队的整体水平提升。

（三）高级职称师资

1. 角色定位

具有高级职称的教师是学科领域的骨干力量，已经在教学、科研和学科建设等方面取得了显著的成绩。他们在高校中承担重要的领导职务，对学科的发展起到了关键作用。

2. 角色作用

教学与学科建设：高级职称教师在教学方面有丰富的经验，能够指导和带领团队进行教学改革和学科建设。

科研领军人物：在科研方面取得重要的研究成果，引领学科的发展方向，带领团队进行高水平的科研工作。

学术带头人：在国内外学术界有一定的影响力，能够组织国际学术交流、主持重大科研项目，为学科建设赢得更多的资源。

（四）特聘教授及杰出人才

1. 角色定位

特聘教授及杰出人才是学校师资队伍的领军人物，拥有国内外学术界的顶级水平，对学科有着深刻的理解和领导力。

2. 角色作用

学科领军：特聘教授及杰出人才是学科的领军人物，他们的到来不仅提升了学科的整体水平，还为学科团队带来了先进的学术理念和研究方向。

国际交流：具备丰富的国际学术交流经验，能够促进学科在国际上的声誉和影响力。

人才培养：通过指导博士生、硕士生和协助培养优秀的青年教师，为学科培养和人才输送提供了强有力的支持。

科研项目负责人：通常能够主持国家级重大科研项目，引领团队进行前沿科研工作，对学科的发展方向有着决定性的影响。

（五）各层次师资的协同作用

不同层次的师资在高校中形成了层层递进的组织结构，各层次师资之间存在紧密的协同作用，共同推动着学校的教育事业发展。

1. 传承与培养

初级职称教师在教学和科研中能够得到中级职称和高级职称教师的指导和培养，通过与他们的合作，初级职称教师能够更快速地适应教育岗位，提高自身的教育水平。

2. 团队建设

中级职称教师作为学科群体的关键成员，负责组织和协调团队内的工作。与初级职称教师一起合作，形成教学与科研的良好协同效应。

3. 学科发展

高级职称和特聘教授及杰出人才在学科发展中发挥着引领和推动的作用。他们能够为学科提供前沿的学术理念和科研方向，引领学科走向国际舞台。

4. 人才引进

学校通过引进特聘教授及杰出人才，不仅能够提高学校整体水平，还能为初级和中级职称教师提供更宽广的学术视野和更广阔的学科发展机会。

（六）不同层次师资的发展需求

1. 初级职称

初级职称教师需要通过系统的培训和实践，提高自己的教育水平。学校可以加强对初级职称教师的导师制度建设，帮助他们更好地融入教育体系。

2. 中级职称

中级职称教师在专业领域有了一定的积累，需要更多的机会参与科研项目，提升自己的研究水平。学校可以通过设立科研基金、提供项目支持等方式，激发中级职称教师的科研热情。

3. 高级职称

高级职称教师需要更多的机会参与学科领导层次的工作，发挥自己在学科建设中的作用。学校可以提供更广泛的资源支持，支持他们在学科领域取得更大的成就。

4. 特聘教授及杰出人才

特聘教授及杰出人才通常已经在学科领域取得了卓越的成就，但仍需要学校提供更好的科研平台和团队支持，使他们在学科领域发挥更大的影响力。

不同层次师资在高校中各司其职，形成了协同发展的格局。初级职称教师通过与中级职称教师的合作，逐渐提升自己的教育水平和科研实力。而中级职称教师则在初级职称的基础上，承担更多专业课程，参与更独立的科研

项目，为学科的发展提供了更多动力。高级职称的教师不仅在教学与科研方面有丰富的经验，还在学科和学术领域有更大的话语权，成为学科建设的中坚力量。而特聘教授及杰出人才则是学科领域的引领者，他们的加入使学科更具国际竞争力。

在师资队伍建设中，学校需要根据不同层次的师资的特点和需求，提供相应的培训和支持。初级职称的教师需要更多的教育培训，中级职称的教师要得到更多的科研支持，高级职称的教师要有更多的机会参与学科建设，特聘教授及杰出人才则需要更好的科研平台和团队支持。

总体而言，不同层次师资的合理配置与协同发展，将有助于提高高校整体的教育水平和科研实力。各层次师资之间的紧密合作和相互促进，将为学科发展、学术研究和人才培养提供更为坚实的基础。希望通过对不同层次师资的角色与作用的深入理解，能够为高校的师资队伍建设提供更为科学合理的指导和建议。

三、创新创业师资队伍建设的难点与挑战

随着创新创业教育的逐渐受到重视，高校创新创业师资队伍建设成为推动这一教育领域发展的关键环节。然而，创新创业师资队伍建设面临着一系列的难点和挑战。以下将深入探讨创新创业师资队伍建设中的困境，分析存在的问题，并提出应对之策。

（一）理论水平不足

1. 挑战

创新创业领域的理论体系相对较新，且处于不断发展之中。一些教师在这一领域的理论水平相对较低，对于最新的创新创业理念、方法和工具了解不足，难以适应快速发展的潮流。

2. 对策

专业培训：针对教师的创新创业理论水平，学校可以组织专业培训，邀请业界专家作专题讲座，引导教师学习最新的创新创业理论，提高其专业水平。

学科交流：鼓励教师参与学科交流，与其他高校和企业的专业人士进行深入合作，分享经验和见解，促进理论水平的共同提升。

（二）实践经验匮乏

1. 挑战

创新创业教育的核心在于培养学生的实际动手能力，然而一些教师在实践经验方面存在较大的不足。缺乏实际的创业经历和企业实践，导致教学过程中难以真实地传递创新创业的本质。

2. 对策

产学研结合：加强学校与企业的合作，建立创新实验室、孵化基地等平台，为教师提供更多的实践机会，促使其深入了解创新创业的实际操作。

行业导师引入：邀请创业成功的企业家或行业专业人士担任导师，为教师提供实际经验的指导，使其能够更好地将理论知识与实际操作相结合。

（三）课程体系不完善

1. 挑战

部分高校在创新创业课程体系建设上存在滞后问题，缺乏系统性和科学性，导致教学内容不够全面，无法满足学生全面发展的需求。

2. 对策

专业课程规划：针对创新创业教育的特点，学校应该进行专业的课程规划，涵盖创业理论、创新管理、商业模式设计等方面的知识，确保学生能够全面掌握创新创业的核心内容。

跨学科合作：在课程设计中加强不同学科的合作，引入工程师、设计师、市场专家等多领域的教师，形成综合性、实践性强的创新创业课程。

（四）创新创业教育资源不足

1. 挑战

创新创业教育需要借助大量的外部资源，包括企业合作、实践基地、资金支持等。然而，由于资源分配不均，一些高校面临着创新创业教育资源不足的问题。

2. 对策

建立校企合作基地：学校可以与企业建立长期稳定的合作关系，共建创新创业实践基地，充分利用企业资源，为学生提供更多实践机会。

创新创业基金：学校可以设立创新创业基金，用于支持学生创业项目，提供启动资金，吸引更多学生参与创业实践。

（五）评价体系不健全

1. 挑战

目前，创新创业教育的评价体系相对滞后，难以客观评估教师在创新创业教育中的贡献，也难以准确评估学生在创新创业方面的能力。

2. 对策

建立多维度评价体系：制定创新创业教育的多层次、多角度的评价指标，包括学生的创业项目成果、教师的教学质量、课程的实际效果等，形成全面的评价体系。

行业认证：学校可以通过与行业协会、企业进行合作，建立创新创业教育的行业认证机制，由专业人士对学校的创新创业教育进行评估认证，提高教育的可信度和权威性。

（六）师资队伍缺乏多元性

1. 挑战

创新创业领域的师资队伍缺乏多元性，即缺乏跨学科的教师和来自产业界的专业人士。这会限制创新创业教育的广度和深度，难以满足学生多样化的需求。

2. 对策

跨学科合作：学校可以积极推动不同学科的教师进行合作，建立创新创业跨学科团队，形成更全面、多元的创新创业教育体系。

产业导师引入：鼓励企业成功人士作为兼职教师或导师，分享实际创业经验，为学生提供更实用的指导，增强创新创业教育的实际效果。

（七）创新创业文化培养力度不足

1. 挑战

在一些高校中，创新创业文化尚未形成，学生对于创业的兴趣和积极性不高。这与师资队伍缺乏创业经验、创新创业课程体系不健全等因素有关。

2．对策

创新创业文化建设：学校可以通过组织创业大赛、创业沙龙、企业参访等活动，培养学校内创新创业的氛围，激发学生的创业兴趣。

导师示范作用：师资队伍中的创业导师可以发挥示范作用，通过自身的成功经验激发学生的创新创业热情，带动学校创新创业文化的培养。

（八）缺乏长期支持机制

1．挑战

创新创业师资队伍建设需要长期的支持机制，包括资金、政策和管理等方面的支持。一些高校在这方面的管理相对较弱，难以形成长期稳定的发展。

2．对策

设立创新创业基金：学校可以设立专门的创新创业基金，用于支持师资队伍建设、创新创业项目的实施等，确保长期的投入。

政策支持：学校可以争取政府相关部门的支持，建立创新创业教育的政策保障机制，为师资队伍提供长期的政策支持。

（九）学科交叉融合困难

1．挑战

创新创业教育需要涉及多个学科领域的知识，而传统学科的划分使得学科交叉融合相对困难，导致创新创业教育无法充分发挥学科的整合效应。

2．对策

设立跨学科研究中心：学校可以设立创新创业跨学科研究中心，集结不同学科领域的专家，共同研究解决创新创业教育中的问题。

推动学科整合：学校可以通过调整学科设置、推动学科整合，促使不同学科之间更好地协同合作，实现知识的跨学科融合。

（十）国际化视野不足

1．挑战

创新创业教育需要紧跟国际潮流，吸收国际先进的理念和经验。然而，一些高校在师资队伍的国际化视野培养方面有所欠缺。

2. 对策

国际交流项目：学校可以鼓励师资队伍参与国际学术交流项目，拓宽国际化的视野，学习国际先进的创新创业教育理念。

引进国际教育资源：学校可以引进国际教育资源，邀请国际知名创业导师和专家作专题讲座、合作研究，提高师资队伍的国际化水平。

创新创业师资队伍建设在面临诸多难点和挑战的同时，也蕴含着巨大的发展机遇。学校需要在理论水平提升、实践经验积累、课程体系健全、教育资源充足等方面不断加强建设，形成长效机制，推动创新创业教育在高校的深入发展。只有通过全面而有针对性的改革与建设，才能更好地满足学生创新创业的需求，培养更多具有创新精神和创业能力的人才。

第二节 创新创业教育师资队伍
建设困境与解决策略

一、创新创业教育师资队伍的现状分析

随着创新创业教育在高校越来越受到重视和推广，师资队伍的建设成为关键因素之一。创新创业教育的师资队伍涵盖了各个学科领域，需要具备跨学科的知识和实践经验，以培养学生的创新思维和创业能力。下文将对创新创业教育师资队伍的现状进行综合分析，包括数量状况、专业背景、实践经验、国际化水平等方面，以期为进一步提升创新创业教育质量提供参考。

（一）数量状况

1. 师资数量

创新创业教育的发展需要具备相应背景和经验的师资队伍，目前高校中从事创新创业教育的师资数量仍相对较少。绝大多数高校在创新创业教育领域只有少数教师参与，这导致了师资队伍的整体匮乏。

2. 学科分布

创新创业教育横跨多个学科领域，包括管理学、工程学、信息技术、社

会科学等。然而，由于传统学科之间的分隔，学科间的协同与整合相对薄弱，导致了创新创业教育中师资队伍学科分布不均衡的现象。

（二）专业背景

1. 管理学科

管理学科是创新创业教育的核心领域之一，涵盖了创业管理、创新管理等专业。拥有管理学科背景的师资能够为学生提供系统的创新创业理论和管理知识，但在实际创业经验方面存在不足。

2. 工程技术学科

工程技术学科对于创新创业也有着重要的贡献，特别是在技术创新和工程管理方面。然而，具有工程技术背景的教师在创业经验和商业化运作方面可能相对欠缺。

3. 跨学科

创新创业教育需要跨学科的师资队伍，能够整合多个学科领域的知识。具备跨学科背景的教师有助于打破传统学科的壁垒，促进创新思维的交流与碰撞。

（三）实践经验

1. 创业经验

师资队伍中是否有来自创业领域的教师，对于创新创业教育的实效性至关重要。拥有创业经验的教师能够通过自身的实践案例为学生提供有力的启示和指导。

2. 产业经验

除了创业经验外，来自产业界的经验同样重要。产业经验丰富的教师能够更好地了解行业的需求和趋势，为学生提供更实用的就业指导。

3. 国际化经验

随着全球化的发展，培养具有国际视野的创新创业人才变得愈加重要。拥有国际化经验的教师能够引入国际先进的创新创业理念和教育资源，提高教育水平。

（四）国际化水平

1. 国际学术交流

在国际学术交流方面，一些高校创新创业教育师资队伍与国际同行的交流相对较少。这可能导致国际先进的创新创业教育理念难以融入国内的实际教学中。

2. 国际导师合作

国际导师合作是提升国际化水平的有效途径。一些高校通过邀请国际创新创业导师，进行合作研究、课程设计等，促进国际与国内创新创业教育的融合。

（五）挑战与问题

1. 学科分隔

由于传统学科设置的分隔，学科间的协同与整合相对薄弱，导致了创新创业教育中师资队伍学科分布不均衡的现象。这使得跨学科的创新创业教育难以得到充分发展。

2. 缺乏实践经验

在一些高校中，师资队伍虽然具备丰富的理论知识，但缺乏创业实践经验，导致教学内容难以贴近实际创业场景，影响教学效果。

3. 国际化水平不足

创新创业教育的国际化水平相对不足是一个较为普遍的问题。在全球化的趋势下，培养具有国际竞争力的创新创业人才对于我国高校至关重要。然而，一些高校在引入国际化创业教育理念、合作国际导师等方面存在一定的滞后性。

4. 教师培训不足

创新创业教育师资队伍的培训问题也需要引起关注。目前，一些高校在创新创业教育师资培训上的投入仍然有限，导致部分教师在创业教育方法、案例分析等方面的理论体系和实际应用水平相对较低。

5. 评价体系不完善

师资队伍的评价体系对于提升教育质量具有重要作用，然而在创新创业

教育中，一些高校尚未建立完善的评价体系。对于教师在创新创业教育中的具体贡献、创新成果等方面的评估仍存在一定的模糊性。

（六）对策与建议

1. 提升教师的实践能力

为提升师资队伍的实践能力，学校可加强与企业的合作，鼓励教师参与实际创业项目，并提供相应的支持和奖励。建立创业实践基地，让教师深入到产业实践中，积累更多的实际经验。

2. 建设跨学科团队

创新创业教育需要具备跨学科的综合能力，学校可以鼓励教师之间的跨学科合作，构建具有综合能力的创新创业教育团队。促使不同学科的教师共同参与创新创业课程设计与实施，提高课程的综合性和实效性。

3. 国际化交流与合作

通过加强与国外高校的交流与合作，引入国际导师，组织国际化的创新创业教育项目，提高教师的国际化视野。鼓励教师参与国际学术会议、项目合作等，提升国际化水平。

4. 加强师资培训

学校可建立创新创业教育师资培训体系，通过组织专业培训、经验交流等方式，提高教师的创新创业理论水平和实践操作能力。鼓励教师主动学习最新的创新创业理论和方法。

5. 完善评价机制

建立科学的评价机制，明确创新创业教育师资队伍的评价指标，包括教学成果、创新创业项目指导、学生就业率等方面。通过评价机制，激励优秀的创新创业教育教师。

6. 加大政策支持

政府可以通过相关政策，加大对创新创业教育师资队伍的支持，设立专项资金用于创新创业教育师资培训、实践基地建设等方面，形成政府、学校、企业等多方协同推动创新创业教育的发展。

创新创业教育作为培养创新人才和推动经济社会发展的重要途径，在高校中的地位愈加凸显。而师资队伍作为创新创业教育的核心资源，其现状的

分析与改进对于提升教育质量、推动学科发展至关重要。通过采取上述对策与建议，希望能够逐步完善创新创业教育师资队伍，为培养更多优秀的创新创业人才奠定坚实基础。

二、建设创新创业师资队伍的困境

随着创新创业教育的迅速发展，高校在建设创新创业师资队伍方面面临着一系列的挑战和困境。这些困境不仅涉及师资数量、专业背景、实践经验等方面，还包括评价体系不完善、师资培训不足等问题。以下将深入探讨创新创业师资队伍建设中的困境，并提出一些建设性的建议。

（一）师资状况的困境

1. 师资数量不足

在许多高校中，创新创业教育师资队伍数量相对较少。这导致了师资队伍无法满足不断增长的创新创业教育需求，从而制约了创新创业教育的全面发展。

2. 学科分布不均衡

创新创业涉及多个学科领域，而目前师资队伍中学科分布不均衡的问题突出。某些学科的师资相对丰富，而另一些学科则相对匮乏，造成创新创业教育的片面性和不全面性。

（二）专业背景的困境

1. 管理学科主导

在创新创业师资队伍中，管理学科的占比相对较高。这导致了创新创业教育过度强调管理理论，而忽略了工程技术、社会科学等学科的综合贡献。

2. 缺乏跨学科

创新创业本质上是一个跨学科的领域，需要各个学科的综合应用。然而，师资队伍中缺乏具有跨学科背景的教师，难以提供全面、多层次的创新创业教育。

（三）实践经验的困境

1. 缺乏创业经验

部分师资队伍缺乏实际的创业经验，这使得教学过程中无法真实反映创业领域的复杂性和变化性。学生难以从理论中获得充足的实践指导。

2. 少数教师实践机会不足

即便有具备实践经验的教师，由于实践机会不足，他们也难以保持对创新创业领域的敏感性。这使得教学内容相对滞后。

（四）国际化水平的困境

1. 缺乏国际交流

在全球化的大背景下，创新创业教育需要具有国际化的视野。然而，师资队伍的国际交流相对不足，导致国际先进理念难以融入国内教学中。

2. 国际导师合作不足

国际导师的合作对于提升创新创业教育的国际化水平至关重要。然而，目前很多高校在国际导师的引进和合作方面仍存在不足。

（五）评价体系的困境

1. 缺乏科学评价标准

创新创业教育的评价体系相对薄弱，缺乏科学的、客观的评价标准。这导致教师在创新创业教育中的贡献难以准确量化，难以形成切实可行的激励机制。

2. 教育质量评估体系不完善

目前，对于创新创业教育教育质量的评估体系不够健全。缺乏全面、多维度的评估体系，使得高校在教育质量方面缺乏有效的监督与改进机制。

（六）师资培训的困境

1. 缺乏系统培训机制

创新创业师资队伍的培训相对不足，缺乏系统的培训机制。这使得一些教师在创新创业理论和方法方面的应用水平有待提高。

2. 落后于创新动态

创新创业领域的发展速度快，教师培训内容容易滞后于创新动态。一些新兴的创新理念和创业模式可能未能及时纳入培训内容。

（七）对策与建议

1. 建立跨学科合作机制

学校可以建立跨学科的创新创业教育团队，通过合作机制促使不同学科的教师共同参与创新创业课程设计与实施，提高课程的综合性和实效性。建立跨学科合作平台，鼓励不同学科的教师参与创新创业项目，促使创新创业教育更好地结合实际应用，满足多元化的学科需求。

2. 加强国际交流与合作

为了提升国际化水平，高校可以加强与国外高校的交流与合作，引进国际导师，组织国际化的创新创业教育项目。通过国际交流，教师能够更好地了解国际创新创业的最新动态，将国际先进理念引入到国内教学中。

3. 设立师资培训体系

建立创新创业教育师资培训体系，包括定期组织专业培训、经验交流等形式。通过培训，提高教师在创新创业理论和方法方面的水平，使其更好地适应创新创业领域的发展。

4. 增加实践机会

为提升师资队伍的实践经验，高校可加强与企业的合作，为教师提供更多的实践机会。建立创业实践基地，让教师深入到产业实践中，不仅能够增加实践经验，还能够更好地将实际经验融入到教学中。

5. 完善评价体系

建立科学的创新创业教育师资评价体系，明确评价指标，包括教学成果、创新创业项目指导、学生就业率等方面。通过建立科学评价机制，激励教师更好地参与创新创业教育。

6. 提升师资队伍国际化水平

通过组织国际交流项目、引进国际导师、参与国际合作项目等方式，提升师资队伍的国际化水平。加强国际经验交流，使教师更好地融入国际创新创业的前沿。

7. 建立创新创业教育师资数据库

建立创新创业教育师资队伍的数据库，及时收集、整理和更新教师的相关信息，包括专业背景、实践经验、国际交流等方面的情况。通过数据库，学校可以更有针对性地进行师资管理和培训。

8. 政策支持

政府可以通过相关政策，加大对创新创业教育师资队伍的支持。设立专项资金用于创新创业教育师资培训、实践基地建设等方面，形成政府、学校、企业等多方共同推动创新创业教育发展的局面。

通过采取上述对策与建议，希望能够逐步解决创新创业师资队伍建设中存在的困境，推动创新创业教育在高校中取得更好的发展。师资队伍的不断完善将为培养更多优秀的创新创业人才提供有力支撑，推动我国创新创业教育取得更为显著的成果。

三、有效策略推动师资队伍的建设

创新创业师资队伍的建设对于高校创新创业教育的质量和水平至关重要。为了推动师资队伍的建设，制定并实施有效的策略显得尤为重要。下文将探讨一系列有效的策略，以促进创新创业师资队伍的全面发展。

（一）建立跨学科的培养机制

创新创业本质上是一个跨学科的领域，要求教师具备多学科的知识和技能。为了培养具有跨学科背景的创新创业师资，可以制定并实施以下策略。

1. 设立跨学科的师资培训项目

通过组织专门的跨学科培训项目，引导教师深入了解其他学科领域的知识，拓宽视野，提高综合素养。培训项目可以包括学科交流研讨、实地考察等形式，让教师更好地理解创新创业的全局性。

2. 推动跨学科研究项目

鼓励教师参与跨学科的研究项目，通过合作研究，促使不同学科领域的教师共同参与创新创业教育的研究和实践，形成有机的合作关系。

3. 设立跨学科的创新创业课程

在课程设置上引入跨学科的创新创业课程，让不同学科的教师共同参与教学，为学生提供全方位、多维度的创新创业教育。

（二）建立与企业的深度合作机制

与企业的深度合作是创新创业教育的重要保障，师资队伍需要具备与企业合作的实际经验。以下是推动师资队伍建设的有效策略。

1. 设立企业实践基地

在校内设立企业实践基地，为教师提供与企业深度合作的机会。教师可以在实践中了解行业需求、掌握最新技术动态，提高创新创业教育的实战性。

2. 建立产学研合作平台

搭建产学研合作平台，促进教师与企业、科研机构的合作。这样的平台可以提供项目合作、技术转移等机会，使教师能够更好地将实际经验融入创新创业教育中。

3. 鼓励教师参与企业项目

通过激励机制，鼓励教师参与企业项目，提升实践经验。这既有助于教师更好地理解企业需求，也促使创新创业教育更贴近实际。

（三）建立国际化师资队伍培养机制

国际化水平的提升对于创新创业师资队伍的建设至关重要。以下是建立国际化培养机制的有效策略。

1. 引进国际导师

通过引进具有国际视野和丰富创新创业经验的国际导师，为师资队伍注入国际化的理念和方法，促使创新创业教育更好地融入国际潮流。

2. 设立海外交流项目

建立海外交流项目，鼓励教师参与国际学术研讨、实地考察等活动。这有助于拓宽教师的国际视野，提高其对国际创新创业教育的理解。

3. 培养双语教师团队

鼓励教师学习和掌握第二语言，培养具备国际沟通能力的双语教师团队。这有助于提高师资队伍的国际化水平，更好地服务国际学生群体。

（四）建立科学的评价与激励机制

科学的评价与激励机制是推动创新创业师资队伍建设的关键。以下是建立科学机制的有效策略。

1. 制定明确的评价指标

明确创新创业教育的教学、科研、实践等方面的评价指标，为教师提供清晰的发展方向。评价指标可以包括学科贡献、创新创业项目指导、实践经验等多个维度。

2. 建立师资队伍分类管理制度

根据教师的不同背景和贡献程度，建立分类管理制度。对于具有丰富实践经验及国际背景的优秀教师，可以采取更灵活的管理和激励措施，如项目经费支持、学术荣誉等。而对于新进教师或需要提升的教师，可以提供更系统的培训和指导，通过阶段性评估，激发其发展潜力。

3. 建立奖励机制

设立创新创业教育师资队伍的奖励机制，对取得显著成绩和贡献的教师给予嘉奖、奖金等奖励。这不仅能够激发教师的积极性，还能够在全校范围内树立榜样。

4. 加强对教学成果的评估

教师的教学水平是创新创业教育质量的重要保障。建立科学的教学评估机制，关注教师在创新创业课程中的教学效果，通过学生评价、同行评审等方式对教学进行全面评估。

5. 建立创新创业教育师资发展档案

建立详细的师资队伍档案，记录教师在创新创业教育领域的发展历程、项目参与情况、教学效果等信息。这有助于及时发现和总结教师的经验和成果，为评价和激励提供依据。

（五）鼓励创新创业实践与研究

创新创业师资队伍的建设需要注重实践经验和科研成果。以下是鼓励实践与研究的有效策略。

1. 支持教师参与创业实践

鼓励教师积极参与创业实践项目，可以通过提供项目经费、资源支持等方式，让教师深入实际创业环境，增加其实践经验。

2. 设立创新创业教育研究项目

为教师提供创新创业教育研究项目的支持，鼓励其进行前沿研究，推动

创新创业教育理论的不断发展。设立相关项目资助和奖励，提高教师的科研积极性。

3. 鼓励教师编写创新创业教育教材

支持教师编写创新创业教育相关教材，鼓励其在教材编写过程中深入思考创业教育理念和方法，推动创新创业教材的更新与完善。

4. 促进教师产学研深度融合

通过加强与企业的合作，推动教师产学研深度融合，将科研成果更好地应用于实际创业项目中。这不仅能够提升教师的实践水平，也有助于形成创新创业教育的良性循环。

（六）激发教师的创新创业热情

为了激发教师的创新创业热情，需要采取一系列有效的策略，具体如下。

1. 组织创新创业教育培训

组织专业的创新创业教育培训，帮助教师更好地了解创新创业的理论体系和实际操作，提高其教学水平和创业指导能力。

2. 建立分享与交流平台

建立教师分享与交流平台，鼓励教师分享自己的创新创业经验、教学案例等，促进师资队伍内部的经验共享与交流。

3. 设立创新创业教育优秀教师奖励

设立创新创业教育的优秀教师奖励，对表现出色的教师给予肯定和奖励，以激发教师的积极性和创业热情。

4. 提供项目支持和资金奖励

为教师提供创新创业项目支持和资金奖励，鼓励其参与实际创业项目，将理论知识应用于实践。

5. 引导学术成果向创新创业转化

引导和激励教师将学术研究成果向创新创业领域转化，推动理论研究与实际应用的有机结合。

通过以上策略的制定与实施，可以有效推动创新创业师资队伍的建设。这些策略不仅有助于提高教师的专业素养，更能增强其创新创业教育的实际效果，促进学生更好地掌握创业技能和培养创新创业精神。

（七）加强学科交叉与合作

创新创业涉及多个学科领域，加强学科交叉与合作是培养创新创业师资队伍的关键。以下是相关策略。

1. 建立创新创业学科交叉研究机构

建立创新创业学科交叉研究机构，吸引不同学科背景的教师共同从事创新创业研究。这有助于促进知识的交流和共享，形成学科交叉的合作氛围。

2. 制订学科交叉合作计划

制订创新创业学科交叉合作计划，鼓励教师跨学科合作，共同承担创新创业项目、共建创新创业课程等，提升师资队伍的整体创新创业教育水平。

3. 举办学科交叉研讨会和讲座

定期举办学科交叉的研讨会和讲座，邀请不同领域的专家学者分享创新创业的最新研究成果和实践经验，促进学科之间的交流合作。

（八）建立反馈机制与持续改进

为了保持师资队伍的活力和创新性，建立有效的反馈机制和持续改进策略是不可或缺的，具体如下。

1. 设立教学评估与改进机制

建立定期的教学评估机制，通过学生评价、同行评审等方式对教师的创新创业教育工作进行全面评估，并及时提供改进建议，促进教学质量的提高。

2. 制定师资队伍发展规划

制定教师创新创业教育发展规划，根据个体差异和发展需求为教师量身定制发展规划，帮助其更好地实现个人与团队发展目标。

3. 建立教师社群和互助平台

建立创新创业教育师资队伍社群和互助平台，鼓励教师之间相互交流经验、分享教材、共同解决问题，形成合作共赢的氛围。

4. 持续培训和学习

提供持续的创新创业教育培训和学习机会，鼓励教师参与各类学术研讨会、工作坊等，不断更新知识和提升教学水平。

通过这些策略的有机结合，可以建立起一个全面、高效的创新创业师资队伍建设体系，为高校创新创业教育的提升提供强有力的支持。同时，这也有助于培养更多具有创新创业精神的学生，促进创新创业教育的健康发展。

第三节　创新创业教育师资队伍保障体系构建

一、创新创业教育师资培训的内容与方式

创新创业教育的快速发展要求教师在专业知识和教学方法上具备创新创业的理念和能力。因此，创新创业教育师资培训成为推动高校创新创业教育发展的关键一环。以下将探讨创新创业教育师资培训的内容和方式，旨在为培训机构和高校提供指导和借鉴。

（一）创新创业教育师资培训的必要性

创新创业教育师资培训的必要性主要体现在以下几个方面。

1. 应对快速变化的创新环境

创新创业领域的知识和技能更新迅速，教师需要通过培训及时了解新兴的创新趋势和创业实践，以更好地满足学生的需求。

2. 提升教师创新创业教育理念

创新创业教育的核心在于培养学生的创新思维和创业能力，教师需要通过培训建立创新创业的教育理念，引导学生在实际问题中运用创新创业思维。

3. 学习创新创业教学方法

创新创业教育需要灵活、实践导向的教学方法，培训有助于教师掌握创新的教学工具、案例分析和实践活动设计，提高教学质量。

（二）创新创业教育师资培训的内容

1. 创新创业基础知识培训

创新理论与模型：介绍创新的基本概念、理论框架，以及不同行业中的创新模型，帮助教师理解创新的本质和多样性。

创业流程与步骤：深入解析创业的全过程，包括创意生成、商业模式设计、市场验证、融资等环节，使教师能够系统性地指导学生进行创业实践。

创新创业政策法规：了解国家和地区在创新创业领域的政策和法规，为学生提供合规的创业支持。

2. 教学方法与工具培训

案例教学：深入剖析成功和失败的创新创业案例，让教师通过实例了解创新创业过程中可能遇到的问题和解决方法。

实践活动设计：教师培训中可设置创业模拟、项目设计等实践活动，提升教师的实际操作能力。

创业导师角色培训：帮助教师了解如何担任创业导师，引导学生进行创新创业项目，提供实质性的支持和指导。

3. 创新创业教育课程设计

课程体系规划：教师需要学习如何规划创新创业教育的课程体系，确保从基础知识到实践操作的全面覆盖。

课程内容更新：学习如何根据创新创业领域的变化及时更新课程内容，保持课程的前沿性和实用性。

4. 创业导向的团队协作

团队协作技能培训：通过团队协作案例和角色扮演，帮助教师提升团队协作和沟通能力，更好地引导学生进行团队项目。

创业团队激励：学习如何激励学生参与创新创业团队，培养学生的领导力和团队协作精神。

5. 创业实践与企业合作

实地考察与参观：安排教师进行企业实地考察，深入了解不同行业的创新创业实践，将实际案例引入教学。

企业导师培训：学习如何与企业建立合作关系，邀请企业导师参与创新创业课程，为学生提供更丰富的资源和经验指导。

（三）创新创业教育师资培训的方式

1. 线上培训平台

利用线上平台进行创新创业教育师资培训，包括网络课程、网络研讨会和在线实践项目。这种方式具有灵活性，方便教师随时随地参与培训。

2. 研讨会和工作坊

组织创新创业教育的研讨会和工作坊，通过专家讲座、案例分析、教学设计等形式，为教师提供互动交流的机会，促进经验共享和教学方法的改进。

3. 实践项目和实习经验

将教师置身于创新创业实践项目中，让其亲身经历创新创业过程，培养实战能力。与企业合作安排教师参与实习项目，提升他们对行业的理解和实践经验。

4. 培训讲座与访学交流

邀请创新创业领域的专家学者举办培训讲座，分享最新的研究成果和实践经验。同时，组织教师进行访学交流，拓宽视野，学习其他高校的先进经验。

5. 持续学习和反馈机制

建立创新创业教育师资培训的持续学习机制，为教师提供定期更新的培训内容，同时建立有效的反馈机制，收集教师的意见和建议，进行及时调整和优化。

（四）培训效果的评估与改进

创新创业教育师资培训的效果评估是培训体系的重要组成部分，可以通过以下方式进行评估。

1. 教学反馈和评价

收集学生对教学效果的反馈，了解教师在创新创业教育中的表现和改进空间。通过问卷调查、小组讨论等方式搜集学生意见，为教师提供改进方向。

2. 教学成果展示

要求教师在培训结束后展示其在创新创业教育方面的教学成果，包括设计的课程、组织的实践项目等。通过展示，评估教师在培训中学到的知识和应用能力。

3. 教学实践观摩

组织教师进行实地观摩，到其他高校或企业实地考察创新创业教育的实践，学习借鉴其他地区和行业的成功经验。

4. 专业技能考核

进行专业技能考核，检验教师在创新创业领域的专业水平。可以通过课程设计、实践项目的设计和组织等方式进行考核。

（五）创新创业教育师资培训的挑战与对策

创新创业教育师资培训面临一些挑战，需要采取相应的对策来应对，具体如下。

1. 知识更新的难度

挑战：创新创业领域的知识更新快，教师需要不断跟进新知识。

对策：建立定期的学科讲座和研讨机制，鼓励教师参与相关学术活动，保持教师的学科敏感性。

2. 实践经验的不足

挑战：部分教师可能缺乏创新创业实践经验，难以为学生提供真实的创业支持。

对策：加强与企业的合作，让教师参与实际项目，培养其实践经验。可以引入企业导师，共同指导学生进行实践。

3. 培训资源有限

挑战：一些高校可能由于资源有限，无法提供丰富多样的创新创业教育培训资源。

对策：建立创新创业教育资源共享平台，实现资源的互联互通。同时，寻求与企业、行业协会等外部机构合作，共享培训资源。

4. 师资培训认可度不高

挑战：创新创业教育师资培训在一些高校的认可度较低，教师参与的积极性不高。

对策：通过成果展示、学术论文发表等方式提高培训的认可度，鼓励教师将培训成果纳入评价体系。

创新创业教育师资培训是推动高校创新创业教育发展的关键环节。通过不断优化培训内容和方式，建立有效的评估与反馈机制，可以提升教师的创新创业教育能力，为学生提供更优质的创业教育服务。同时，应充分利用互

联网和多元化的培训资源，打破时空限制，促进创新创业教育师资培训的广泛开展。

二、创新创业教育师资的引进机制

（一）引进创新创业教育师资的必要性

1. 创业实践经验的不可替代性

创新创业教育的核心在于培养学生的创新思维和创业能力，而这些能力往往通过实际的创业经验才能真正获得。引进具有成功创业经验的专业人士，能够为学生提供实际可行的创业指导和建议。

2. 市场需求的引导

创新创业领域的迅速发展带来了对创业人才的巨大需求，引进在业界取得成就的专业人才有助于更好地满足市场对创新创业人才的需求，提升学生的就业竞争力。

3. 激发学生学习兴趣

成功创业者的生动教学案例能够激发学生的学习兴趣，让他们更加专注于创新创业教育，提高学习的积极性和主动性。

（二）引进创新创业教育师资的策略

1. 吸引优秀企业家和创业者

通过合理的薪酬和福利待遇，吸引有成功创业经验的企业家和创业者加入高校，成为创新创业教育的一部分。这类专业人士可以带来实际经验和业界资源，为学生提供丰富的创业实践机会。

2. 与企业建立紧密合作关系

建立与企业的紧密合作关系，将企业成功创业者纳入到高校的创新创业教育团队中，既能够满足企业的社会责任，又能够为学生提供真实的商业案例和导师资源。

3. 建立导师制度

建立创新创业导师制度，邀请成功创业者充当学生的导师，定期指导学生进行创业项目。这种方式既可以引入实践经验，又能够促进学生与实际业界的联系。

（三）引进创新创业教育师资的程序

1. 确定需求和定位

高校需要明确创新创业教育师资的需求，包括所需人才的领域、岗位职责和专业背景。明确师资引进的定位，是引进全职专业人士还是兼职企业导师。

2. 制订引进计划和政策

根据需求，制订创新创业教育师资引进的计划和政策。包括引进方式、薪酬待遇、职务安排等方面的规定，确保引进的人才能够在高校有稳定的发展空间。

3. 广泛宣传和招聘

通过各类媒体和招聘渠道广泛宣传创新创业教育师资引进的信息，吸引更多的优秀人才关注和投递申请。可以通过组织招聘会、进行校企合作推荐等多渠道进行招聘。

4. 专业评审和面试

建立专业评审团队，对应聘人员的创业经历、教学经验、行业影响力等方面进行全面评估。面试环节可以由校内专业人士和企业代表参与，确保引进人员的专业素质和实际经验符合要求。

5. 签订合同和培训

确定录用人选后，进行正式的合同签订，明确双方的权利和义务。同时，为引进人员提供必要的培训，使其更好地适应高校的教学环境和体系。

（四）引进创新创业教育师资的评估标准

1. 教学表现评估

建立创新创业教育师资的教学表现评估体系，包括教学效果、学生评价、课程设计等方面的考核。通过定期的教学评估，评估师资在创新创业教育中的实际贡献和影响。

2. 创业项目成果评估

评估引进师资在指导学生创业项目方面的成果，包括学生创业成功率、

项目成果、参与的创业大赛获奖情况等。这可以直观反映师资的实际指导水平和创业辅导能力。

3. 学术研究产出评估

对于引进的专业人士，其学术研究产出也是一个重要的评估标准。评估其在创新创业领域的研究成果、发表论文、参与学术活动等，以确保其在学术方面的水平。

4. 企业合作成果评估

如果引进的师资与企业有密切合作关系，可以通过评估合作成果，包括与企业合作的创新项目、实习实践基地的建设等，评估师资在产学研合作方面的贡献。

（五）挑战与对策

1. 融合创新创业与学科教学

挑战：创新创业教育往往需要跨学科的教学团队，而引进的师资可能来自特定领域，如何融合创新创业与学科教学成为一个挑战。

对策：建立跨学科的团队，通过团队协作和交流，使不同学科的师资能够共同参与创新创业教育，实现教学的融合。

2. 师资培训与持续发展

挑战：引进的师资可能对高校教学环境不太熟悉，需要进行师资培训，同时需要建立持续发展机制。

对策：设立专门的师资培训课程，帮助新引进的师资适应高校教学环境，并建立定期的培训和交流机制，推动其不断发展。

3. 评估体系的建立

挑战：建立科学合理的评估体系是关键，但如何权衡教学、实践和研究等方面的成果，需要认真思考。

对策：与业界专业机构合作，借鉴国际先进的评估经验，建立全面而科学的师资评估体系。

创新创业教育师资的引进机制是高校推动创新创业教育发展的关键一环。通过科学规划引进策略、严谨的程序和全面的评估标准，高校可以吸引更多成功创业者参与到教学过程中，为学生提供更丰富的创业教育资源，助

力他们在未来的创业道路上取得更大的成功。希望这一机制的建立能够为高校构建创新创业教育体系提供有力支持。

三、创新创业师资队伍的激励与评价机制

创新创业师资队伍的激励与评价机制是创新创业教育体系中的关键环节。为了激发教师的热情、提高教学质量和促进团队协作，高校需要建立一套科学合理的激励与评价机制。下文将探讨创新创业师资队伍的激励和评价，包括激励方式、评价指标和实施过程，旨在为高校构建更具活力和竞争力的创新创业教育团队提供参考。

（一）激励方式

1. 薪酬激励

薪酬是最直接的激励手段之一。高校可以根据教师在创新创业教育中的贡献和表现，设立相应的薪酬激励机制，包括绩效工资、项目奖金、特殊津贴等形式，以激发教师的积极性。

2. 职称晋升

建立创新创业教育的职称评定标准，以参与创新创业项目、在教学中取得显著成绩等作为职称评定的依据。通过职称晋升来激励教师在创新创业教育领域的深耕与发展。

3. 项目资源支持

为教师提供充足的项目资源，包括科研启动经费、实践基地支持、行业合作机会等。这不仅可以增加教师在创新创业领域的实践机会，还能够促进校企合作，提高教学的实践性和应用性。

4. 学术研究支持

对于在创新创业领域有一定研究深度的教师，可以提供学术研究方面的支持，包括科研项目的立项、参与国际学术交流等。这可以促使教师在创新创业理论研究方面取得更多成果。

5. 荣誉表彰

设立创新创业教育的荣誉奖项，如"创新创业教育优秀教师""最佳创新创业导师"等，通过荣誉表彰的方式提高教师的社会声誉和影响力。

（二）评价指标

1. 教学效果

评价教师在创新创业教育中的教学效果，包括学生创业项目成果、学生创业成功率、课程评价等方面的表现。通过学生的反馈和项目的实际产出来量化教学效果。

2. 实践经验

考察教师在创新创业领域的实践经验，包括是否参与创业项目、是否有成功的创业经历、是否与企业建立合作关系等。实践经验的积累能够直接影响教师的创新创业教育水平。

3. 科研成果

评估教师在创新创业领域的科研成果，包括发表的论文、主持的科研项目、参与的创新创业研究等。科研成果反映了教师在创新创业领域的学术水平和研究能力。

4. 学科建设

考察教师在创新创业教育方面的学科建设工作，包括是否参与学科建设项目、是否组织学科研讨会、是否担任学科负责人等。学科建设的贡献体现了教师在学科发展方面的领导力。

5. 团队协作

评价教师在团队协作中的表现，包括是否积极参与团队项目、是否与其他教师合作开展创新创业教育工作等。团队协作能够促进资源共享、经验交流，提高整体团队的创新力。

（三）实施过程

1. 设立评价委员会

建立专门的创新创业教育师资激励与评价委员会，由具有相关背景和经验的专业人士组成，负责制定评价标准、收集评价数据、制定激励方案等。

2. 定期评价与调整

定期对创新创业师资进行评价，可以是每学年、每学期，甚至更短的时

间间隔。通过评价结果，及时调整激励政策并提出改进建议，以确保评价机制的科学性和灵活性。

3. 个性化评价

采用个性化评价方法，根据教师的特长、兴趣和发展方向，量身定制评价指标。不同教师在创新创业教育中可能有不同的贡献和侧重点，个性化评价可以更准确地反映其真实价值。

4. 360 度评价

引入多维度评价，包括学生评价、同行评价、上级评价等，形成全方位的评价体系。通过全方位的评价，可以更全面地了解教师在创新创业教育中的表现，避免片面评价。

5. 建立激励档案

为每位教师建立激励档案，详细记录其在创新创业教育中的表现和获得的激励，形成激励轨迹。这有助于教师了解自己的成长历程，也为学校提供了有力的激励和评价依据。

6. 及时反馈与沟通

及时向教师反馈评价结果，无论是正面激励还是需要改进的方面。建立定期的沟通机制，与教师进行面对面的交流，促进双向沟通，增强对激励与评价的认同感。

（四）挑战与对策

1. 主观性评价

挑战：评价过程中可能受到主观因素的影响，导致评价结果不公正。

对策：建立科学客观的评价指标，采用多维度评价方法，引入第三方评价，减少主观性的干扰。

2. 激励策略过于单一

挑战：激励策略过于单一可能无法满足不同教师的需求，影响激励效果。

对策：设计多元化的激励机制，包括薪酬、职称、项目支持等多个方面，以满足不同教师的个性化需求。

3. 评价指标设置难度

挑战：设置评价指标的难度过高或过低都可能影响评价的公正性和准确性。

对策：通过广泛调研和专家咨询，确保评价指标既符合实际情况，又具有一定的挑战性，能够有效反映教师在创新创业教育中的表现。

4. 激励资源不足

挑战：激励资源有限可能导致激励效果不明显。

对策：科学规划激励资源的分配，优先考虑教学效果显著、实践经验丰富且科研成果突出的教师，确保激励资源的合理利用。

创新创业师资队伍的激励与评价机制对于高校创新创业教育的发展至关重要。通过设置合理的激励方式、建立科学的评价指标和实施灵活的评价过程，可以有效激发教师的热情，提高教学质量，推动创新创业教育事业取得更大的成就。希望高校在建立激励与评价机制的过程中能够充分考虑各方面的需求，促进师资队伍的全面发展。

第四节　创新创业教育师资队伍创新培养模式

一、创新创业师资队伍培养模式的构建

创新创业教育是高校教育中的一项重要任务，其成功实施离不开具备创新创业素养的师资队伍。因此，建设一支高水平、多元化、实践经验丰富的创新创业师资队伍成为提高创新创业教育质量的关键。以下将探讨创新创业师资队伍培养模式的构建，以期为高校提供有针对性的培养方案，推动创新创业教育事业取得更大的突破。

（一）培养模式构建的基本理念

1. 素质导向

创新创业师资培养模式应以素质为导向，注重培养教师的综合素养，包括创新意识、创业胆识、团队协作、实践能力等方面。通过全方位、多层次的培养，使教师具备应对创新创业教育多样化需求的能力。

2. 实践导向

强调实践教学和实际项目参与，让师资在实践中积累经验，深化对创新

创业的理解。实践导向的培养模式有助于使教师更好地理解行业需求，提高创新创业教育的实用性。

3. 多元化培养路径

考虑到不同教师的背景和需求差异，构建多元化的培养路径，包括学科专业背景培养、跨学科交叉培养、企业实践培养等，使师资队伍具备更广泛的知识和技能。

（二）培养模式的关键要素

1. 学科专业培养

对于具有相关学科专业背景的教师，应提供深度的学科专业培养。这包括参与创新创业相关学科研究、深入了解行业发展趋势、学习最新的创新技术和管理理念等。

2. 跨学科交叉培养

针对非创新创业专业背景的教师，可设计跨学科的培训课程，引导他们了解创新创业领域的基本知识、理论和实践经验，促使其逐步转变为具备创新创业素养的教师。

3. 企业实践培养

组织教师参与企业实践，让他们深入了解创业过程、企业运营机制、市场需求等。通过与企业的深度合作，提升教师的实践能力和行业洞察力。

4. 教育理论培训

注重为师资队伍提供系统的创新创业教育理论培训，使其对创新创业教育的理论框架、方法和策略有深刻的理解。培养教师的教育教学理念，使其能够更好地引导学生。

5. 国际交流与合作

推动教师参与国际学术交流、合作项目，拓展其国际化视野。通过与国际先进经验的交流，提升师资队伍的国际竞争力，引入更多创新创业教育的国际化元素。

（三）培养模式的实施策略

1. 制订培养计划

根据不同教师的背景和需求，制订个性化的培养计划。这需要学校设立

专门的培养规划机构，根据教师的学科背景和个人发展方向，制定相应的培养路径和课程安排。

2. 激励政策设计

建立创新创业师资激励政策，对积极参与培养计划的教师给予薪酬奖励、职称晋升等激励措施。激励政策的设计需要考虑到长期效应，激励教师持续投入创新创业教育。

3. 实施导师制度

建立创新创业教育导师制度，为培训的教师分配专业导师。导师可以为教师提供指导和建议，帮助其更好地适应培养计划，顺利完成培养目标。

4. 建设资源平台

构建创新创业教育资源平台，整合校内外资源，为教师提供学科研究、实践项目、企业实习等丰富的资源支持。资源平台可以包括学术研讨会、行业交流会、企业合作项目等，为教师提供与业界专业人士和企业家深度互动的机会，促进其实践经验的积累。

5. 持续评估与调整

建立培养模式的持续评估机制，定期对师资培养计划的执行情况进行评估，并根据评估结果调整培养方案。评估不仅关注教师个人的发展情况，也需要考察创新创业教育的实际效果，以确保培养模式的有效性。

6. 提供资源支持

为教师提供所需的培训、研究经费和实践支持。学校可以设立专门的基金或项目，资助教师参与创新创业教育相关的培训课程、学术研究项目，提高其在创新创业领域的影响力。

7. 建立交流平台

构建创新创业师资队伍的交流平台，促进教师之间的互动和合作。通过定期的教师座谈会、学术交流会等形式，营造良好的交流氛围，推动创新创业教育的共同进步。

（四）挑战与对策

1. 师资队伍异质性

挑战：师资队伍的背景、经验差异较大，个体差异性较强。

对策：针对师资队伍的异质性，采用差异化的培养计划，满足不同教师的个性化需求。制定灵活的课程体系，让教师可以根据自身情况选择适合的培养路径。

2. 时间和精力投入不足

挑战：教师的教学任务繁重，时间和精力有限。

对策：学校需要为教师提供有针对性、高效率的培养方案，充分考虑到教学任务的安排，避免过度占用教师的工作时间。同时，通过施行激励政策提高教师参与的积极性。

3. 缺乏行业实践经验

挑战：一些教师可能缺乏创业实践经验，导致教学过于理论化。

对策：鼓励教师主动参与企业实践、行业调研等活动，积累实践经验。可以通过校企合作项目、实习实训等方式，让教师更深入地了解创新创业领域。

4. 激励机制不够完善

挑战：激励机制不够完善可能导致教师对培养计划的参与度不高。

对策：建立科学、合理的激励机制，包括薪酬激励、荣誉奖励、职称晋升等多方面的考量。激励政策需要具有长期性和可持续性，以使教师保持积极性。

构建创新创业师资队伍培养模式是高校创新创业教育事业发展的重要环节。通过明确理念、把握关键要素、合理运用实施策略，以及积极应对挑战，学校可以有效提升师资队伍的素质，推动创新创业教育事业蓬勃发展。在不断总结经验、创新机制的基础上，高校创新创业师资队伍培养模式将能够更好地满足时代需求，为培养更多具备创新创业精神的人才作出积极贡献。

二、创新创业教育师资培养的关键环节

创新创业教育的推进离不开一支高水平、富有实践经验的师资队伍。为了更好地培养这样的师资，创新创业教育师资培养的关键环节至关重要。下文将深入探讨创新创业教育师资培养的关键环节，包括培养计划设计、实践经验积累、教育理论培训等方面，以期为高校提供有实际操作意义的建议。

（一）培养计划设计

1. 个性化规划

针对师资队伍的异质性，个性化的培养计划显得尤为重要。学校可以通

过定期的师资需求调查，了解教师的背景、兴趣和发展方向，制定相应的个性化规划。这包括学科专业培养、跨学科交叉培养和企业实践培养等多元化路径，使每位教师都能够在培养计划中找到适合自己的方向。

2. 课程体系建设

培养计划的核心是建设科学合理的课程体系。创新创业教育师资培养的课程体系应既包含创业领域的前沿知识，又涵盖创新创业教育的理论体系和教学方法。学校可以邀请业界专业人士和创业成功者参与课程设计，确保培养计划符合实际需求，具备前瞻性和实践性。

3. 实践项目参与

培养计划中应设立实践项目，让师资能够深度参与创新创业实践。这既包括与企业的合作项目，也包括学校自主组织的实践活动。通过实践项目，教师能够更好地了解创新创业领域的实际问题，提高解决问题的能力，同时也有助于激发他们的创新创业思维。

（二）实践经验积累

1. 企业实践机会

创新创业教育师资培养的关键环节之一是提供充分的企业实践机会。学校可以与企业建立合作关系，为教师提供参与企业实际项目、创业孵化等机会。通过深度参与实际项目，教师能够更好地理解企业运作机制，培养创新创业教育的实践能力。

2. 校企合作项目

学校应积极推动校企合作项目的开展，将企业资源融入创新创业教育师资培养中。合作项目可以包括创业导师制度、企业实训基地建设等，使教师能够在实际的创业环境中进行学习和实践，获得更丰富的经验。

3. 参与创业社群

教师应被鼓励积极参与创业社群，与创业者、投资人及行业专家建立联系。创业社群是一个良好的交流平台，教师可以通过在平台上与创业者的深度交流，了解创业者面临的挑战和机遇，获取行业动态，从而更好地为学生提供创新创业教育。

（三）教育理论培训

1. 理论体系建设

创新创业教育师资培养的关键环节之一是教育理论培训。学校应建设创新创业教育的理论体系，明确创新创业教育的核心概念、方法和策略。培训教师对于创新创业教育的理论认知，有助于提高其指导水平。

2. 教学方法培训

除了理论知识，教育理论培训还需要关注创新创业教育的教学方法。创新创业教育强调对学生实践能力的培养，因此教师需要掌握适应创新创业教育理念的教学方法。学校可以组织教学方法培训，分享成功的案例和经验，提高教师的教学水平。

3. 教学技能提升

培养计划中应该包括教师教学技能的提升。创新创业教育注重学生的实践操作，因此教师需要具备更多的教学技能，如案例教学、项目导向教学等。通过教学技能培训，教师可以更好地理解和运用创新创业教育的教学方法，提高教学效果。

（四）定期评估与调整

1. 教师个人发展评估

建立定期的教师个人发展评估机制，通过考核教师在创新创业教育领域的成果、实践经验和理论水平，为其制定更加个性化的发展规划。教师在个人发展过程中需要有清晰的目标和方向，评估机制能够帮助他们更好地了解自己的优势和不足，进行有针对性地提升。

2. 教育成果评价

定期对创新创业教育的教育成果进行评价，包括学生的创业项目、竞赛成绩、创业公司的发展等方面。通过评价教育成果，学校可以更好地了解培养计划的实际效果，及时调整培养方案，保持与创新创业市场的接轨。

3. 培养计划调整

不断地调整和优化培养计划是关键环节之一。创新创业领域的变化较快，培养计划需要根据市场需求、行业发展趋势及时进行调整。通过定期的

师资培养计划评估，学校可以及时发现问题，进行针对性的调整，确保师资队伍的培养方向符合实际需要。

（五）资源支持

1. 资金支持

为创新创业教育师资培养提供充足的资金支持是关键的环节。学校可以设立专门的资金项目，用于支持教师参与培训、项目实践、学术研究等活动。资金支持能够帮助教师更好地投入创新创业教育领域，提升其专业水平。

2. 学术资源

为教师提供学术资源的支持也是重要的一环。学校可以购买相关的学术期刊或图书，建立创新创业教育的学术数据库，为教师提供学术研究的平台。同时，学校还可以组织学术交流活动，邀请国内外的专家学者为教师进行学术指导，提升其学术水平。

3. 实践资源

为了提高教师的实践水平，学校需要为教师提供丰富的实践资源支持。这包括与企业的深度合作、创业实践基地的建设、行业实训项目等。通过提供丰富的实践资源，教师能够更好地融入创新创业教育的实际场景，为学生提供更具实践性的教学体验。

创新创业教育师资培养的关键环节是一个系统工程，需要学校在规划、设计和实施中全面考虑。通过科学合理的培养计划设计、实践经验的积累、教育理论培训等关键环节的有机结合，可以更好地提升教师在创新创业教育领域的素质和水平。同时，不断进行定期评估和资源支持，确保师资队伍的发展方向与实际需求保持一致。只有通过多方位的支持和努力，学校才能培养出更多优秀的创新创业教育师资，为培养创新创业人才提供更有力的支持。

三、不同类型高校师资队伍培养的差异与调整

高校师资队伍培养是高等教育体系中至关重要的一环，不同类型的高校由于其办学定位、目标群体及教育理念的不同，其师资队伍培养存在差异。下文将对综合大学、工科院校和艺术类院校的师资队伍培养进行比较，分析其差异，并提出相应的调整策略，以期更好地满足各类型高校的发展需求。

（一）综合大学的师资队伍培养

1. 综合性培养

综合大学通常设有广泛的学科门类，要求师资队伍具备较为宽广的知识面和跨学科研究的能力。因此，综合大学的师资培养需要注重全面性的学科知识和研究方法的培养。培养计划应该涵盖人文、社会科学、自然科学等多个领域，以满足综合大学的教学和科研需求。

2. 实践经验与教学技能

综合大学注重培养学生的实际应用能力，因此师资队伍需要具备丰富的实践经验。培养计划应强调对教师的实际工作经验、产业经验等方面的培养，以提升其实践教学水平。此外，教育理论和教学方法的培训也是关键，以确保教师能适应综合大学的多样化教学环境。

3. 团队合作与创新

综合大学通常拥有庞大的师资队伍，鼓励跨学科的团队合作和创新研究。因此，培养计划应重点培养师资的团队协作和创新意识。为教师提供跨学科的培训机会，促使其跨领域合作，提高整体团队的创新能力。

（二）工科院校的师资队伍培养

1. 专业深化与技术能力

工科院校注重培养学生的专业技能和实际操作能力，因此师资队伍培养需要更加强调对教师专业深化和技术能力的培养。培训计划应该注重教师在相关领域的专业知识和技术水平，以提高其在工科教学中的实际操作能力。

2. 产业合作与实践项目

工科院校通常与产业界有着密切的联系，师资队伍需要更多地了解产业需求和趋势。培养计划应鼓励教师参与产业合作项目、实践项目，增强其对实际工程问题的理解和解决能力。此外，教师在实际工程项目中的实习和交流也是培养的重要环节。

3. 创新研究与工程项目

工科院校注重创新与应用研究，师资队伍培养需要强调创新研究和工程项目的培训。教师应具备较强的科研能力，能够指导学生进行工程实践和应

用研究。培训计划可以包括科研项目管理、创新团队协作等方面的内容，提高教师在工科院校的创新能力。

（三）艺术类院校的师资队伍培养

1. 艺术创作与表演技能

艺术类院校的师资队伍培养需更加注重艺术创作和表演技能的培养。培训计划应包括教师在相关艺术领域的创作和表演技能的提升，以提高其在艺术教育中的教学水平。

2. 跨界融合与文化素养

艺术类院校鼓励不同艺术门类的跨界融合，因此师资队伍培养需强调教师的跨领域能力和文化素养。培训计划应促使教师跨艺术领域合作，提高其在不同艺术门类中的指导水平。

3. 创意教学与艺术理论

在艺术类院校，创意教学和艺术理论的培训是关键环节。教师需要深入了解艺术理论，能够结合实际教学进行创意性的教学设计。培训计划可以包括创意教学方法、艺术理论研究等方面的内容，以提升教师的艺术创意教学能力。

（四）不同类型高校师资队伍培养的调整策略

1. 跨学科交叉培养

针对综合大学的特点，可以通过跨学科交叉培养的方式，鼓励教师参与其他领域的培训和研究项目。这有助于提高教师的全面素养，使其更具有综合性和跨学科的研究能力。

2. 产业导向的实践项目

对于工科院校，可以加强与产业界的合作，通过产业导向的实践项目，提高教师的实际操作能力。鼓励教师参与企业实践，将产业需求融入课程设计，以更好地满足工科院校的实际需求。

3. 艺术家与教育家的培养平衡

艺术类院校可以平衡培养教师的双重身份，即艺术家与教育家。在培训计划中，既强调艺术创作和表演技能的提升，又注重教师的教育理论和创意教学培训，使其更好地在艺术教育中发挥双重角色。

4. 团队合作与跨领域培训

针对不同类型高校的特点，可以推动教师团队合作和跨领域培训。通过组织跨学科的培训项目，促进教师之间的合作，增强不同学科领域的交流，提高团队整体的创新能力。

不同类型高校的师资队伍培养存在差异，但都需要根据学校的办学定位和发展目标，有针对性地进行调整。综合大学注重全面性的学科知识和跨学科研究能力的培养，工科院校强调专业深化和实践项目的培训，艺术类院校则注重艺术创作和表演技能的提升。在培养计划中，可以采取跨学科交叉培养、产业导向的实践项目、平衡艺术家与教育家的培养等策略，以更好地适应不同类型高校的特点，提高师资队伍的整体素质。合理调整师资队伍培养计划，不仅有助于提升教师的教学水平和实践能力，也有助于更好地服务于不同类型高校的发展需求。

第六章 创新创业教育评价体系

第一节 创新创业教育评价功能

一、评价在创新创业教育中的作用

创新创业教育是适应现代社会发展需求的重要组成部分，旨在培养学生的创新思维、创业能力及团队协作精神。评价在创新创业教育中扮演着关键的角色，它不仅是教育质量和效果的反映，更是促进教育改革与创新的重要手段。下文将探讨评价在创新创业教育中的作用，分析其重要性、方法和挑战，以期为创新创业教育的进一步发展提供参考。

（一）评价的重要性

1. 促进教育质量提升

评价是衡量创新创业教育教学质量的重要手段。通过评价，可以客观地了解教学过程中的强项和改进之处，有助于教育者不断调整教学策略，提升教学效果。定期的评价还能够检验教育目标的实现程度，为教育质量的可持续提升提供数据支持。

2. 促进创新创业教育的改革与创新

通过对创新创业教育的评价，可以发现其存在的问题和不足之处，进而促使教育机构进行改革与创新。评价反馈的信息有助于识别需要改进的教学方法、课程设置、教师培训等方面，推动创新创业教育体系的不断完善。

3. 为学生提供明确的学习方向

评价结果能够为学生提供明确的学习方向。通过对学生创新创业能力的全面评估，学生能够了解自身在创新创业方面的优势和不足，从而有针对性地选择学习方向、参与实践项目，更好地发展自己的创新创业潜力。

（二）评价方法

1. 定性评价

定性评价主要通过对学生的创新创业实践、团队合作、项目成果等方面进行描述和分析，以文字、图表等形式呈现。这种评价方法注重对学生全面素质的考察，有助于挖掘学生的潜在能力，但难以量化评估，存在主观性和难以比较的问题。

2. 定量评价

定量评价通过数字化的方式对学生的创新创业能力进行度量，包括考试成绩、项目评分、能力测试等。定量评价具有客观性、可比性的优势，但可能忽视了学生的创新思维和团队协作等软技能方面的表现。

3. 综合评价

综合评价采用定性和定量相结合的方式，全面考查学生在创新创业教育中的表现。这种评价方法能够兼顾学生的各项能力，更全面地反映学生在创新创业方面的潜力和水平，但需要综合不同指标，涉及评价标准的制定和权重的确定。

（三）评价面临的挑战与解决方案

1. 评价标准的制定

创新创业教育涉及多个方面，评价标准的制定是一个复杂而且具有挑战性的问题。解决方案可以是建立专门的评价团队，包括教育专家、企业代表和学生，共同制定符合实际情况的评价标准，确保评价的全面性和客观性。

2. 评价工具的选择

在创新创业教育中，很难通过传统的考试来全面评估学生的能力。解决方案可以是引入更灵活的评价工具，包括项目展示、实践报告、能力测试等，确保评价工具的多样性和贴近实际。

3. 评价结果的应用

即使获得了评价结果，如何将评价结果应用到实际的教学和培养中也是

一个关键问题。解决方案可以是建立反馈机制，将评价结果及时反馈给教育者、学生和企业，促使其对教育模式进行调整和优化。

（四）结论与展望

评价在创新创业教育中起着至关重要的作用，它是教育质量提升、推动教育创新与改革的有力工具。不同的评价方法各有优劣，综合应用定性、定量和综合评价方法，有助于全面、客观地了解学生在创新创业教育中的表现。为解决评价面临的挑战，建议通过专业团队共同制定评价标准、灵活运用多样的评价工具，并建立有效的反馈机制，将评价结果应用于实际的教学和培养中，以促进创新创业教育的不断完善。

未来，可以探索更加个性化和细化的评价方法，例如，采用人工智能技术进行学生能力的实时监测和评估。同时，建议建立起多方参与的评价体系，包括学校、企业、社会等多方面的参与者，以全面了解学生在创新创业教育中的发展情况。

除此之外，要注重培养学生的自我评价和反思能力，使其能够更主动地参与到评价过程中，认识到自身的不足并寻求改进。这种培养方式不仅有助于提高学生的自我管理能力，也有助于培养其持续学习和适应变化的能力，符合创新创业教育的核心目标。

总体而言，评价在创新创业教育中的作用不可忽视。通过科学合理的评价体系，能够更好地推动教育质量的提升，促进教育创新的发展，为学生的全面成长和社会需求的满足提供有力支持。在未来的发展中，继续加强对评价方法的研究和实践经验的总结，将为创新创业教育的不断改进和创新提供重要参考。

二、创新创业教育评价与人才培养目标的关联

创新创业教育作为培养具备创新能力和创业精神的人才的重要途径，其评价不仅关乎教育质量的提升，更直接影响人才培养目标的实现。下文将探讨创新创业教育评价与人才培养目标之间的关联，分析评价体系在培养学生创新创业能力、综合素养和实践能力等方面的作用，旨在为创新创业教育的评价提供深入的理解和有效的指导。

（一）创新创业人才培养目标

1. 创新思维能力

创新创业人才应当具备开拓性、前瞻性的思维能力。这包括发现问题、提出解决方案的能力，培养学生的创新意识和创新思维方式。

2. 创业能力

创新创业人才应当具备创业的基本能力，包括市场调研、商业计划制订、资源整合和团队协作等方面的能力。培养学生的创业思维和实际操作技能。

3. 团队协作与沟通能力

创新创业往往需要团队协作，培养学生具备良好的团队协作和沟通能力，能够有效地与不同专业、背景的人合作。

4. 实践能力

创新创业人才应当具备解决实际问题的能力，通过实践经验提升学生的动手能力，让他们能够将理论知识应用到实际中。

（二）创新创业教育评价体系的设计

1. 项目评价

通过对学生参与的创新创业项目的评价，可以全面了解他们在项目中的表现，包括创新性、团队协作、解决问题的能力等。

2. 能力测试

通过能力测试，全面测评学生在创新创业相关领域的专业知识和实际操作能力，包括创新思维测试、创业能力测试等。

3. 课程评估

对创新创业课程的评估有助于了解课程设置和教学效果，包括课程内容的实际应用性、教学方法的有效性等。

4. 实习评价

实习是培养学生实际操作能力的关键环节，通过对实习表现的评价，可以了解学生在真实工作环境中的适应能力和实际操作水平。

（三）创新创业教育评价与人才培养目标的关联

1. 创新思维能力的评价

通过项目评价和能力测试，可以评估学生的创新思维能力。项目评价可以评估学生是否能够在实际项目中提出创新性的观点和解决问题的方法，而能力测试则可以更加客观地量化学生的创新思维水平。

2. 创业能力的评价

创业能力的评价主要体现在项目评价和实习评价中。项目评价可以看出学生是否具备制订商业计划、整合资源、分析市场的能力，而实习评价可以更加具体地了解学生在实际创业环境中的表现。

3. 团队协作与沟通能力的评价

团队协作与沟通能力主要通过项目评价和实习评价来评估。项目评价中，学生在团队合作中的表现直接反映了其团队协作和沟通能力。实习评价则可以从实际工作中看出学生在团队中的协作方式和沟通效果。

4. 实践能力的评价

实践能力的评价主要体现在项目评价、实习评价和能力测试中。项目评价中，学生在实际项目中的表现可以反映其实践能力；实习评价则从学生在真实工作环境中的适应能力和实际操作水平出发，全面了解其实践能力的发展情况。能力测试则可以更加客观地量化学生在创新创业领域的实际操作水平，包括技术操作、解决问题的能力等。

（四）创新创业教育评价的挑战与应对

1. 主观性和客观性的平衡

创新创业教育评价中，一些评价指标可能存在主观性较强的情况，例如，项目评价和实习评价。在设计评价体系时，需要注意引入客观性较强的评价方法，如能力测试，以保持评价结果的客观性和公正性。

2. 综合性评价的难度

创新创业人才培养目标涵盖多个方面的能力，因此综合性评价可能较为复杂。在设计评价体系时，需要精心选择评价指标，确保全面反映学生在创新创业教育中的各项能力发展。

3. 时效性的考量

创新创业领域发展迅速，相关知识和技能可能随时发生变化。因此，评价体系需要具备一定的时效性，能够及时调整评价指标，确保评价结果与行业发展保持一致。

（五）结论与展望

创新创业教育评价与人才培养目标的关联至关重要，通过科学合理的评价体系，可以更好地推动学生创新创业能力的培养。评价体系应包含项目评价、能力测试、课程评估、实习评价等多个方面，以全面了解学生在创新创业教育中的表现。

在未来的发展中，需要不断探索创新创业教育评价的新方法，结合行业发展的实际情况，灵活调整评价体系，确保其具备时效性和准确性。同时，加强评价结果的反馈机制，为创新创业教育的不断优化提供有力支持。通过不断优化评价体系，创新创业教育将更好地服务于人才培养目标的实现，为社会培养更多具有创新创业精神的人才作出积极贡献。

三、评价在创新创业教育体系优化中的作用

创新创业教育作为培养具备创新能力和创业精神的人才的关键环节，其体系的优化与改进至关重要。评价作为体系中的重要组成部分，不仅能够反映学生在创新创业教育中的表现，还能为教育者提供改进和优化的有力指导。下文将探讨评价在创新创业教育体系优化中的作用，并深入分析评价在课程设计、教学方法、学生发展等方面的具体作用。

（一）评价在课程设计中的作用

1. 指导课程设置

通过对创新创业课程的评价，教育者可以了解到课程设置中存在的问题和不足之处，指导下一轮课程设计的优化，确保课程内容的贴近实际需求和学生发展。

2. 优化教学内容

评价结果反映了学生对课程内容的理解和应用程度，可以帮助教育者调

整教学内容，加强对关键知识点的讲解，使学生更好地掌握必要的创新创业知识。

3. 提升实践性

创新创业教育注重实践性，评价可以反映学生在实际项目中的表现。通过对评价结果的分析，教育者可以调整教学策略，更好地促使学生将理论知识应用于实践中，提升实践性。

（二）评价在教学方法中的作用

1. 优化教学方法

通过对学生学习效果的评价，教育者可以了解到哪些教学方法更受学生欢迎，哪些方法更有效。基于评价结果，可以优化教学方法，提升教学效果。

2. 个性化教学

评价可以帮助教育者更好地了解学生的个体差异，包括学习兴趣、学科偏好等。借助评价结果，教育者可以实施个性化教学，更好地满足学生的学习需求，提高教学的针对性和有效性。

3. 激发学习动力

通过对学生学习过程和成果的评价，可以及时给予学生正面的反馈，激发其学习动力。同时，对于学习成绩较差的学生，评价也可以成为改进的契机，引导其更有效地参与学习。

（三）评价在学生发展中的作用

1. 个体发展方向的指导

通过全面的评价，可以更好地了解学生的优势和不足。这有助于为学生提供个体化的发展建议，指导其在创新创业领域发展方向的选择。

2. 职业规划的参考

评价结果可以为学生提供关于自身在创新创业领域的职业素养和能力水平的客观参考。在职业规划中，学生可以根据评价结果更有针对性地选择职业方向。

3. 促进综合素养的提升

创新创业教育不仅关注专业技能，还注重培养学生的综合素养。通过评

价，可以全面了解学生的能力和素养水平，有助于针对性地促进其综合素养的提升。

（四）挑战与对策

1. 主观性评价的问题

评价中可能存在主观性较强的问题，为解决这一问题，可以引入客观性较强的评价工具，如能力测试和标准化考试，以提高评价的客观性和公正性。

2. 综合性评价的难度

创新创业教育涉及多个方面的能力培养，综合性评价可能较为复杂。应采取多种评价方法，确保全面而准确地反映学生在创新创业教育中的发展情况。同时，评价体系需要根据行业发展动态进行不断调整，保持时效性。

3. 及时性的考虑

创新创业领域发展迅速，相关知识和技能的更新换代速度较快。评价体系需要及时更新，以反映行业最新要求，确保评价结果具有参考价值。

4. 学生主动性的引导

创新创业教育注重培养学生的创新能力和主动性。评价体系应该不仅是对学生通过与否的评判，还应该包含对学生自主学习、创新思维和团队协作等方面的评价，以更好地引导学生的主动参与。

综合而言，评价在创新创业教育体系的优化中具有不可替代的作用。通过项目评价、能力测试、课程评估和实习评价等多维度的评价手段，能够全面了解学生在创新创业教育中的发展情况，为教育者提供科学的参考，为学生提供个性化的发展指导。

然而，要更好地发挥评价的作用，仍需解决主观性评价、综合性评价和时效性的难题。未来，可以通过引入先进的评价技术，如人工智能和大数据分析，提高评价的客观性和准确性。同时，加强与行业的沟通合作，及时调整评价体系，确保其与创新创业领域的发展保持同步。

评价不仅是对学生的一种反馈，更是对创新创业教育体系本身的反思和改进。通过不断完善评价体系，创新创业教育将更好地适应社会需求，为培养更多具有创新创业精神的人才作出积极贡献。

第二节 创新创业教育评价原则

一、评价体系建设的指导原则

创新创业教育的评价体系建设是确保教育目标达成、提升教学质量的关键环节，一个科学、合理的评价体系不仅需要全面覆盖学生的知识、技能和素养，还应该符合创新创业教育的特点。以下将探讨评价体系建设的指导原则，以确保其科学性、公正性及时效性，为创新创业教育的持续优化提供指导。

（一）全面性原则

评价体系应该全面覆盖创新创业教育目标的各个方面，包括学科知识、创新思维、实际操作能力、团队协作等。全面性原则要求评价体系要既关注学生的专业能力，又注重培养学生的创新创业素养，确保评价的全面性和多维度性。

1. 学科知识评价

评价体系要确保对学生在创新创业领域的学科知识掌握进行科学、客观的评价。这包括对核心概念、专业技能的考察，以确保学生在相关领域具备扎实的知识基础。

2. 创新思维评价

创新创业教育的核心是培养学生的创新思维，评价体系应该包括对学生创新意识、创新能力、解决问题的能力等方面的评价。通过项目作业、创新项目的评估，全面了解学生的创新潜力。

3. 实际操作能力评价

创新创业教育强调实践性，评价体系应该充分考查学生在实际项目中的操作能力。这包括对学生在实习、实训等环节中的表现的评价，确保学生能够将理论知识应用到实际工作中。

4. 团队协作评价

创新创业往往需要团队合作，评价体系要能够反映学生在团队协作中的

角色、贡献和沟通能力。通过对团队项目、团队讨论等的评估，全面了解学生的团队协作能力。

（二）科学性原则

评价体系的建设应该遵循科学的原则，既要充分利用先进的评价方法和工具，又要确保评价过程的科学性和客观性。

1. 引入先进评价工具

评价体系应该结合先进的评价工具，如人工智能、大数据分析等，以提高评价的客观性和准确性。这包括能力测试工具、在线评估系统等，可以通过数据分析更全面地了解学生的表现。

2. 避免主观性评价

评价体系建设要避免主观性评价，尽量采用客观、量化的方法。例如，通过标准化考试、项目成果展示、实际操作测试等方式，减少个体评价的主观性，确保评价结果的科学性。

3. 建立评价指标体系

评价体系应该建立科学合理的评价指标体系，明确各项指标的权重和评价标准。这有助于评价过程的标准化和规范化，确保评价结果的科学性。评价指标体系可以包括学科知识考核、创新项目成果、实际操作能力、团队协作能力等多个方面，以全面反映学生的综合素养。

（三）公正性原则

评价体系建设应该确保公正性，即确保每位学生在评价中都能够得到公正对待，避免评价结果受到主观偏见或不公平因素的影响。

1. 避免歧视性评价

评价体系中的评价方法和标准应该避免歧视性，不偏向某个群体，确保每位学生都有平等的机会。评价体系的建设过程中要重视多样性和包容性，充分考虑不同背景和特长的学生。

2. 考虑个体差异

学生在创新创业教育中的表现因个体差异而异，评价体系应该充分考虑

个体差异，包括为不同学科背景、兴趣爱好及学习风格的学生设计灵活的评价方式，确保评价结果能够真实地反映每位学生的实际水平。

3. 透明的评价标准

评价体系的评价标准应该是透明的，学生和教育者都能够清晰理解。透明的评价标准有助于减少不公平的可能性，提高评价的可信度。学生应该在评价开始前清楚了解评价标准，以便有针对性地提高自己的能力。

（四）时效性原则

创新创业领域的发展较快，评价体系建设应该具有时效性，及时更新以适应行业的发展变化。

1. 随行业变化更新评价指标

评价体系中的评价指标应该随着创新创业行业的变化而更新。新兴技术、新的创业模式等因素的出现可能影响学生所需的能力和素养，评价体系应该能够及时调整，确保评价的实际性和前瞻性。

2. 引入新技术手段

随着科技的发展，评价体系建设可以引入新的技术手段，如人工智能、虚拟现实等，以提高评价的时效性。这些技术手段可以更灵活地适应行业发展的变化，为评价体系的更新提供技术支持。

3. 定期评估评价效果

评价体系的建设不是一劳永逸的过程，应该定期评估评价效果。学校和教育机构可以通过学生反馈、企业反馈、毕业生跟踪调查等方式，了解评价体系的实际效果，及时发现问题并进行调整。

（五）可持续性原则

评价体系的建设需要考虑可持续性，即在长期内能够持续发挥作用，不仅适应当前的教育需求，也能够应对未来的变化。

1. 建立反馈机制

评价体系应该建立有效的反馈机制，以便学生和教育者能够及时了解评价结果，并在需要的情况下进行调整。反馈机制有助于评价体系的不断优化，确保其在长期内保持有效性。

2. 与行业保持紧密联系

创新创业教育的目标是培养符合行业需求的人才，评价体系应该与行业保持紧密联系。与行业的紧密联系有助于及时了解行业的发展趋势，为评价体系的更新提供指导。

3. 持续的专业发展

评价体系的建设需要专业人才的支持，这要求相关人员保持持续的专业发展。定期的培训、学术研究等活动有助于评价体系的不断改进和创新。

评价体系建设是创新创业教育的关键环节，其指导原则应该包括全面性、科学性、公正性、时效性和可持续性。在评价体系的建设过程中，学校和教育机构应该充分考虑创新创业教育的特点，灵活运用先进的评价方法和工具，确保评价体系能够有效地推动创新创业人才的培养。通过不断优化和更新，评价体系将更好地适应社会需求，为培养更多具有创新创业精神的人才作出积极贡献。

二、创新创业人才培养目标与评价原则的一致性

随着社会的不断发展和经济的转型升级，创新创业人才的培养日益成为高校教育的重要任务。为了确保创新创业人才培养的有效性和质量，需要建立与培养目标一致的评价原则。以下将探讨创新创业人才培养目标与评价原则的一致性，分析如何通过科学、全面、公正且时效的评价原则来确保培养目标的实现。

（一）创新创业人才培养目标

1. 创新能力

创新创业人才培养的首要目标是培养学生的创新能力。这包括培养学生发现问题、解决问题的能力，激发学生的创新意识和创新思维，使其具备在不同领域进行创新的能力。

2. 实践操作能力

创新创业往往需要实际操作，培养学生的实践操作能力是培养创新创业人才的重要目标。学生应该能够熟练运用所学知识，参与到实际项目中去，将理论知识应用到实际工作中。

3. 团队协作能力

创新创业往往是团队合作的过程，培养学生的团队协作能力是创新创业人才培养目标之一。学生应该能够有效地与他人合作，共同完成创新项目，发挥各自的优势，形成团队的协同效应。

4. 创业思维与商业意识

创新创业人才应该具备创业思维和商业意识，能够识别商业机会，具备创业的基本素养。培养学生对市场、经济的敏感性，使其在创新创业过程中能够做出明智的商业决策。

（二）评价原则的一致性

1. 创新能力评价原则

创新能力的培养需要科学的评价原则。评价体系应该注重学生在项目中的创新表现，包括创意产出、解决问题的能力、对新思路的接受和应用等。科学的评价方法可以包括创新项目评比、创新能力测试等。

2. 实践操作能力评价原则

实践操作能力的培养需要注重学生在实际项目中的表现。评价体系应该设计实际操作测试、实习报告等环节，全面考查学生在实际工作中的表现。评价原则应当贴近实际工作要求，确保学生能够熟练运用所学知识。

3. 团队协作能力评价原则

团队协作能力的培养需要注重学生在团队项目中的表现。评价体系应该设计团队项目评估、团队协作能力测试等环节，全面考查学生在团队协作中的角色、贡献和沟通能力。

4. 创业思维与商业意识评价原则

创业思维与商业意识的培养需要科学的评价原则。评价体系应该注重学生对市场、经济的理解和分析能力，以及商业决策的准确性。可以通过商业案例分析、创业计划评估等方式进行评价。

（三）创新创业人才培养目标与评价原则的一致性

1. 一致性原则

创新创业人才培养目标与评价原则的一致性原则要求评价体系应该能

够全面、科学且公正地评价学生在创新创业人才培养目标方面的表现。评价原则应该覆盖培养目标的各个方面，确保评价的全面性。

2. 具体目标对应具体原则

创新创业人才培养目标需要对应具体的评价原则。例如，创新能力的培养目标需要通过创新项目评价、创新能力测试等具体原则来实现；实践操作能力的培养目标需要通过实际操作测试、实习报告等具体原则来实现。

3. 时效性原则

随着创新创业领域的发展，培养目标和评价原则需要保持时效性。评价体系应该随着行业的发展变化而更新，确保评价原则与最新的行业需求相一致。

4. 持续优化原则

创新创业人才培养目标与评价原则的一致性要求持续优化原则。评价体系建设应该是一个不断优化的过程，通过收集学生和行业的反馈意见，及时调整评价原则，确保其与培养目标的一致性。这包括根据学生的实际表现和就业情况不断改进评价标准和方法。

（四）挑战与应对

在实现创新创业人才培养目标与评价原则一致性的过程中，也会面临一些挑战，具体如下。

1. 行业变化快，评价体系更新困难

随着行业的发展，创新创业领域的变化较快，评价体系的更新可能会受到限制。为应对这一挑战，高校可以加强与企业和行业协会的合作，及时获取行业信息，调整评价体系。

2. 评价过程的复杂性

创新创业人才培养目标较为复杂，评价体系的建设和管理也相对复杂。高校需要制定清晰的评价流程和标准，确保评价过程的科学性和公正性。

3. 多样性的学生特点

学生在创新创业教育中的特点多样，评价体系需要考虑个体差异，确保评价方法和标准具有灵活性。高校可以设计不同层次、不同形式的评价方式，满足学生多样化的发展需求。

创新创业人才培养目标与评价原则的一致性是创新创业教育体系的有效运作的关键。通过确保评价原则与培养目标的一致性，可以更好地促使学生在创新创业领域取得实质性的进展。本书中提到的实践案例分析以及挑战与应对的讨论，有助于高校更好地理解并应对创新创业人才培养中的关键问题。

为了实现一致性，高校在制定评价原则时应综合考虑学科特点、行业需求和学生个体差异。此外，建立一个灵活、反馈及时的评价体系，能够更好地适应不断变化的创新创业领域。

最后，创新创业人才的培养是一个系统工程，需要高校、企业和社会各界的共同努力。只有通过协同合作，形成一个完整的生态系统，才能更好地培养出具备创新创业能力的人才，为社会和经济的可持续发展作出贡献。

三、国际先进评价体系的借鉴与创新

随着全球经济的日益一体化和科技的不断发展，培养具备创新创业能力的人才成为各国高校教育的迫切需求。为了更好地应对这一需求，国际上涌现出许多先进的创新创业教育评价体系。下文将探讨国际先进评价体系的借鉴与创新，分析其中的关键特点及对于我国创新创业教育的启示。

（一）国际先进评价体系的关键特点

1. 多维度评价

国际先进评价体系注重多维度评价，不仅关注学生的学科知识水平，更关注其创新能力、团队协作能力、实践操作能力等方面的发展。通过多维度的评价，更全面地了解学生在创新创业过程中的表现。

2. 实践导向

先进的评价体系更加注重学生在实际项目中的表现，强调实践导向。通过实际操作、实习、项目评估等方式，评价学生在真实场景中应用所学知识的能力，培养学生的实际操作技能。

3. 个性化评价

国际上的评价体系越来越注重个性化评价，充分考虑学生的个体差异。

通过灵活的评价方式，允许学生在一定范围内选择自己感兴趣的项目，激发个体潜能。

4. 与产业对接

先进的评价体系更加与产业对接，紧密结合行业需求，确保学生在创新创业领域具备实用性的能力。评价体系与企业、行业协会等建立合作关系，获取实时的行业信息，及时调整评价标准。

（二）国际先进评价体系的借鉴

1. 引入多元化评价元素

我国创新创业教育评价体系在借鉴国际先进经验时，可以引入更多元化的评价元素。除了学科知识的考核外，可以考虑引入创新项目的评价、实际操作的测试、团队协作能力的评估等多方面的指标，以更全面地评价学生的能力。

2. 提倡实践导向的教学模式

借鉴国际先进评价体系的经验，我国高校可以更加提倡实践导向的教学模式。通过设置实际操作课程、项目实习等环节，使学生在实际项目中得到锻炼，培养实际操作能力，更好地适应创新创业的需求。

3. 强化个性化评价机制

国际上的先进评价体系更加注重个性化评价，我国可以在评价机制中引入更多的个性化元素。建立灵活的选修课程体系，允许学生在一定范围内选择感兴趣的方向，培养个体差异化的创新创业人才。

4. 加强与产业的深度合作

国际上的评价体系与产业的深度合作，我国高校也可以借鉴这一做法。建立更紧密的产学合作关系，与企业、行业协会等建立战略合作伙伴关系，深度融入产业实践。通过与企业紧密合作，学校可以更好地了解行业需求，调整课程设置和评价标准，确保培养出更符合市场需求的创新创业人才。

（三）国际先进评价体系的创新

1. 引入新型评价方法

在借鉴国际先进评价体系的同时，我国高校也可以创新引入一些新型的

评价方法。例如，可以探索利用人工智能技术进行学生能力的自动化评估，通过大数据分析学生在实际项目中的表现，提供更客观、科学的评价。

2. 发展数字化评价平台

随着信息技术的不断发展，数字化评价平台的建设成为创新的方向。通过建立数字化的评价平台，学校可以更加便捷地收集学生在创新创业领域的数据，进行实时分析和反馈，实现对学生全过程的跟踪评估。

3. 推动评价体系的国际化

为了适应全球化的人才培养需求，我国高校可以推动创新创业教育评价体系的国际化。与国际知名高校和研究机构合作，借鉴其成功经验，吸收国际先进理念，构建更具国际竞争力的创新创业人才培养体系。

4. 加强社会反馈机制

创新创业教育的评价体系应当更加注重社会反馈。学校可以建立与企业、行业、社会组织等的紧密联系，获取对学生表现的实时反馈。通过社会反馈机制，及时了解学生在实际应用中的表现，调整教学计划和评价标准。

国际先进的创新创业教育评价体系为我国高校提供了有益的借鉴和启示。在借鉴的同时，我国高校应根据国情和实际情况，创新性地引入新的评价方法，发展数字化评价平台，推动评价体系的国际化，并加强社会反馈机制。通过不断创新与完善，我国创新创业教育评价体系将更好地服务于培养具备创新创业能力的高层次人才。

第三节　创新创业教育评价体系分类

一、内部评价与外部评价的区分

在教育领域，评价是一项至关重要的工作，它不仅关系到学生的学业发展，也涉及学校的教育质量和教学效果。评价的形式多种多样，其中内部评价和外部评价是两种常见的评价方式。下文将深入探讨内部评价与外部评价的概念、特点、目的、方法等方面的区别，并对其在教育体系中的作用进行探讨。

（一）内部评价的概念与特点

1. 内部评价的定义

内部评价是指由教育机构内部成员，如学校管理层、教师团队及学生参与的评价活动。这种评价形式主要依托于学校内部的资源和力量，用于监测和改进学校的教学质量、管理水平及各方面的运作。

2. 内部评价的特点

自主性：内部评价是由学校内部主体自行进行的评价活动，具有较高的自主性，学校可以根据自身情况灵活制订评价计划和标准。

定性与定量相结合：内部评价注重定性分析，关注教学过程中的细节问题，并结合定量数据，全面把握学校的教育质量。

实时性：由于内部评价由学校内部成员主导，因此可以随时进行，以满足学校内部管理和决策的需要。

持续改进：内部评价的目的之一是为了学校的持续改进，通过识别问题和不足，及时采取措施进行改善。

（二）外部评价的概念与特点

1. 外部评价的定义

外部评价是由学校外部的机构或专业组织进行的评价活动。这种评价形式通常由政府、教育部门、专业评估机构等独立于学校之外的实体来进行，其目的是对学校的教育质量进行独立、客观的评估。

2. 外部评价的特点

独立性：外部评价是由学校外部的机构进行，具有独立性，避免了内部评价可能存在的主观性和利益冲突。

客观性：外部评价注重客观性，评价结果通常是公开透明的，为社会、家长和学生提供了一个权威的评价依据。

全面性：外部评价通常涉及到学校的方方面面，包括教学质量、管理水平、师资力量等多个方面，具有全面性。

标准化：外部评价常常基于一定的评价标准和指标，保证了评价的科学性和可比性。

（三）内外评价的目的与意义

1. 内部评价的目的与意义

改进内部管理：通过内部评价，学校可以深入了解自身的管理状况，发现问题并及时改进，提升内部管理水平。

教学质量提升：内部评价有助于发现教学中的问题，从而进行教学方法和手段的调整，提高教学质量。

激励教师团队：通过内部评价，可以发现教师的优点和亮点，对于优秀的教师团队是一种鼓励和激励。

2. 外部评价的目的与意义

确保教育质量：外部评价由独立的机构进行，其主要目的是确保学校的教育质量，提高整体教育水平。

社会监督：外部评价结果是公开透明的，有助于社会对学校的监督，推动学校更好地履行社会责任。

提供决策依据：外部评价为政府、教育部门等提供了决策的依据，有助于制定更科学的教育政策。

（四）内外评价的方法与手段

1. 内部评价的方法与手段

定期教学评估：学校可以通过定期的教学评估活动，收集学生、教师的意见和建议，了解教学过程中存在的问题。

内部考核体系：学校可以建立完善的内部考核体系，包括教师的业绩考核、管理层次的内部考核等，以确保学校内部的良好运作。

课程质量评估：学校可以通过对课程的质量进行评估，包括教学资源的充实程度、教材的选用情况等方面，为教学改进提供依据。

2. 外部评价的方法与手段

专业评估机构：学校可以邀请专业的评估机构进行外部评价，这些机构通常具有丰富的评估经验和专业知识，能够提供客观、独立的评价意见。

政府监管：政府部门作为教育体系的监管者，负责对学校进行定期的评估，以确保学校的教育质量和管理水平符合相关标准。

社会参与：学校还可以邀请社会各界的代表，如家长、企业代表等，参与到学校的外部评价中，获取更多的社会反馈。

（五）内外评价的关系与互补性

1. 关系

内部评价和外部评价并非相互独立的两个体系，它们之间存在一定的关系。内部评价是学校自身的一种自我管理和提升机制，而外部评价则是来自外部的监督和验证。两者相辅相成，共同构建起学校质量保障的体系。

2. 互补性

信息全面性：内部评价可以更深入地了解学校的内部管理和教学情况，而外部评价通过独立的视角，提供了更全面、客观的评价。

改进机制：内部评价通过自主性的改进机制，使学校能够更灵活地调整教学和管理方案。外部评价作为一种独立的监督机制，有助于确保内部改进的真实性和有效性。

社会认可度：外部评价通常由独立的专业机构或政府进行，其结果更容易被社会广泛认可。这有助于提升学校的声誉和吸引更多的社会资源。

内部评价与外部评价作为学校质量保障的两个重要方面，各自具有独特的特点和作用。内部评价注重学校内部成员的自主性和灵活性，侧重于学校自身的管理和改进；而外部评价强调独立性和客观性，对学校的教育质量进行独立、公正的评估。两者之间既存在一定的关系，又具有互补性，共同构建了一个全面、多层次的学校评价体系。在实际操作中，学校可以充分利用两者的优势，不断提升教育质量，为学生提供更优质的教育服务。

二、量化与定性评价的结合

在教育评价中，量化评价和定性评价是两种常见的评价方式。量化评价通过数据和数字来衡量学生、教师或学校的表现，而定性评价则注重描述和理解学生及教学过程中的质性特征。以下将深入探讨量化与定性评价的概念、特点，以及它们在教育评价中的结合方式，以期更全面、准确地了解和改进教育质量。

（一）量化评价的概念与特点

1. 量化评价的定义

量化评价是通过数值化的方法对教育中的各种要素进行测量和分析，以得出具体的数据结果。这种评价方式通过统计、测验和量表等工具，将学生、教师或学校的表现转化为可计量的指标，便于比较和分析。

2. 量化评价的特点

客观性：量化评价的结果是客观的，不受主观因素的干扰。通过数字化的手段，能够准确地反映被评价对象的状态。

可比性：量化评价的数据具有可比性，不同学生、教师及学校的评价结果可以通过数值进行比较，有助于排名和排序。

精确性：通过量化方法获取的数据通常比较精确，可以进行精细的分析和判断，为决策提供准确的依据。

便于分析：数字化的数据更容易进行统计和分析，有助于发现潜在的问题和趋势，为改进提供具体方向。

（二）定性评价的概念与特点

1. 定性评价的定义

定性评价是通过描述、解释和理解的方式来评估学生、教师或学校的表现。这种评价方式强调质性特征，关注实际行为、态度、情感等方面的表现，通过言语描述或文字记录进行反馈。

2. 定性评价的特点

主观性：定性评价的结果受到评价者主观看法的影响，更侧重于个体的感受和理解，具有一定的主观性。

深度理解：定性评价注重深度理解，通过详细描述和分析，揭示被评价对象的内在特征，有助于全面把握情境和背景。

丰富信息：定性评价通过言语和文字提供丰富的信息，能够捕捉到量化评价难以涵盖的细节和维度。

适用广泛：定性评价在各种情境下都适用，尤其是在复杂、主观性强的领域，如人文科学和艺术领域。

（三）量化与定性评价的结合方式

1. 综合评价模型

综合评价模型是将量化和定性评价结合起来，综合考虑各种信息，得出全面的评价结果。这种模型通常会设定一系列的指标，既包括可量化的指标，也包括需要通过定性描述来表达的指标。评价者在进行评价时，综合考虑这些指标的数据和描述，得出最终评价。

2. 评价矩阵

评价矩阵将量化指标和定性描述结合在一个矩阵中，每一行对应一个被评价对象，每一列对应一个评价指标。在矩阵中，既可以包括数字化的得分，也可以包括对应的文字描述。这种结合方式使得评价者可以一目了然地看到各个指标的综合情况。

3. 案例分析法

在案例分析法中，评价者通过具体案例来了解和评价被评价对象。这种方法既可以包括定量数据的呈现，也可以通过详细的案例描述来呈现定性信息。通过具体案例，评价者可以更好地理解和把握被评价对象的特点和表现。

4. 问卷调查与访谈结合

在量化评价中，问卷调查是一种常见的收集数据的方式，而访谈则是一种定性评价的手段。将问卷调查与访谈结合，可以通过问卷收集大量的量化数据，然后通过访谈获取深层次、实质性的信息，使评价更为全面。

（四）优势与挑战

1. 优势

全面性：量化与定性评价结合能够提供更全面的评价结果，充分考虑到被评价对象的各个方面。

细致入微：定性评价能够深入挖掘被评价对象的细节和内在特征，为量化评价提供更为丰富的背景信息。

多维度分析：通过量化与定性评价的结合，可以在多个维度上对被评价对象进行分析，避免了单一评价维度的局限性。

适用性广泛：这种结合方式更加灵活，适用于各种领域和不同类型的评价对象，使评价更具针对性和实用性。

2. 挑战

复杂性：结合量化和定性评价需要综合考虑大量信息，增加了评价的复杂性，可能需要更多的时间和资源。

主观性和标准化难题：定性评价的主观性与量化评价的标准化要求之间存在矛盾，如何保持评价的客观性仍然是一个挑战。

数据整合问题：不同类型的数据，尤其是定性数据和量化数据，可能需要使用不同的分析方法，整合起来可能存在困难。

评价者培训：评价者需要具备较高的专业水平，既能理解和运用量化方法，又能深刻理解并进行准确的定性描述。

综合而言，量化评价和定性评价各有其独特的优势和适用场景。通过巧妙地结合这两种评价方式，可以使评价更为全面、具体，更符合被评价对象的实际情况。在实际应用中，需要根据评价的目的、对象和环境来选择适当的结合方式，以达到更准确、有针对性的评价效果。在教育领域，量化与定性评价的结合将有助于更全面地了解学生和教育质量，促进教育水平的提高和持续改进。

三、学生自我评价与教师评价的协同作用

学生自我评价和教师评价作为教育评估中的两个重要组成部分，在教育体系中发挥着各自独特的作用。学生自我评价强调学生对自己学习、发展和行为的认知和反思，而教师评价则侧重于专业角度的评估和指导。下文将深入探讨学生自我评价和教师评价的协同作用，分析二者如何相互促进、相得益彰，以提升评估的全面性和有效性。

（一）学生自我评价的概念与特点

1. 学生自我评价的定义

学生自我评价是指学生根据一定的标准和目标，对自己的学习、行为、情感等方面进行自主评估和反思的过程。这种评价方式强调学生对自身的了解和认知，培养学生的自我监控和自我管理能力。

2. 学生自我评价的特点

自主性：学生自我评价是学生自愿进行的，强调学生在评价过程中的主体地位，促使其积极参与。

反思性：学生自我评价注重对学习过程的反思，不仅关注结果，更关注学习的方式、策略，以及个人的成长和变化。

个性化：学生自我评价更能准确反映学生个体的差异性，因为评价的主体是学生本人，更了解自己的特点和需求。

发展导向：学生自我评价的目的是帮助学生发展，促使其建立积极的学习态度和自我激励机制。

（二）教师评价的概念与特点

1. 教师评价的定义

教师评价是由专业教育工作者，根据其对学生学业、行为和发展的专业知识和经验，对学生进行的系统、全面的评估。这种评价方式强调专业性和客观性，是学校教育体系中的重要组成部分。

2. 教师评价的特点

专业性：教师评价依托于教育专业知识和经验，能够更客观、专业地评估学生在学科知识和技能方面的表现。

客观性：教师评价通过客观的标准和方法进行，减少了主观因素的干扰，更能反映学生的真实水平和发展状况。

全面性：教师评价关注学生的多个方面，包括学科知识、学业表现、行为举止等，使得评价更为全面和综合。

指导性：教师评价不仅关注学生的过去表现，更关注未来的发展方向，具有指导性和促进作用。

（三）学生自我评价与教师评价的协同作用

1. 促进学生自主学习

学生自我评价和教师评价的协同作用首先体现在促进学生自主学习方面。学生通过自我评价可以更清晰地了解自己的学习需求和问题，而教师评

价可以提供专业的引导和建议，帮助学生制订更有效的学习计划，形成自主学习的习惯。

2. 提升评价的全面性

学生自我评价通常更关注情感、态度等主观层面，而教师评价更注重客观知识和技能的评估，二者的结合可以使评价更为全面。学生自我评价提供了更贴近学生内心世界的信息，而教师评价提供了更专业、客观的数据，共同构建了全面的评价体系。

3. 促进自我认知和发展

学生自我评价通过让学生深入思考自己的优势和不足，促使其对自身进行认知和反思。教师评价能够从专业的角度为学生提供更具针对性的反馈和指导，帮助学生更好地规划自己的学习和发展方向，促进其全面成长。

4. 建立良好的师生关系

学生自我评价和教师评价的协同作用还体现在建立良好的师生关系方面。通过学生自我评价，学生能够展现对自己学业和发展的认知，表达自己的期望和目标。教师通过认真倾听学生的自我评价，能更好地理解学生的需求和心理状态，从而建立更加密切、互相信任的师生关系。这种关系的建立有助于提高学生的学习积极性和投入度，促进学业和个人发展的良性循环。

5. 个性化教育的支持

学生自我评价和教师评价的结合也为个性化教育提供了支持。学生自我评价能够呈现出学生独特的特点、兴趣和需求，教师评价则从专业的角度提供了更具体、个性化的指导建议。通过综合两者的信息，教育者能够更好地制定个性化教育方案，满足学生个体差异，推动每个学生的发展。

6. 促进学生的自我管理能力

学生自我评价与教师评价的协同作用有助于培养学生的自我管理能力。通过自我评价，学生学会对自己的学业和行为进行监控，形成自我反馈机制。而教师评价则能够为学生提供专业的、客观的参照标准，引导学生更有针对性地进行自我管理。这样的协同作用有助于学生逐渐形成自主、自律的学习和生活方式。

（四）促进学生自我评价与教师评价协同作用的策略

1. 创设良好的学习环境

在课堂和学校层面，为学生提供一个安全、开放的学习环境，鼓励学生表达自己的观点和感受。这样的学习环境有助于激发学生的自我评价意识，使其更愿意分享自己的看法和体验。

2. 培养学生的学习动机

激发学生的学习兴趣和动机是促使其进行自我评价的重要前提。教育者可以通过设计有趣、具挑战性的学习任务，以及提供与学科内容相关的实际应用场景，从而激发学生对学习的热情，增加他们自我评价的积极性。

3. 教育者的示范与引导

教育者在教学中可以起到示范并引导学生如何进行有效的自我评价的作用。通过分享自己的经验，教育者可以帮助学生建立正确的自我认知和评价观念。同时，提供明确的评价标准和范例，引导学生学会如何用更专业的眼光看待自己的学业和发展。

4. 个性化反馈和指导

教育者在进行教师评价时，应注重个性化的反馈和指导。根据学生的特点和需求，提供具体、明确的建议，帮助学生更好地理解自己的优势和不足，以及改进的方法。这样的反馈有助于学生更全面地认识自己，增强自我评价的有效性。

5. 促进师生互动

建立积极的师生互动机制，鼓励学生和教师进行频繁而有深度的交流。通过课堂讨论、小组活动、一对一辅导等形式，让学生有更多的机会表达自己的观点，也让教师更深入地了解学生的需求，促进学生自我评价与教师评价的更有效结合。

学生自我评价与教师评价的协同作用是一种有力的教育评估模式，它不仅能够更全面地了解学生的学业和发展状况，也有助于促进学生的自主学习、个性化发展和自我管理能力的培养。为了实现这种协同作用，教育者需要通过创设良好的学习环境、培养学生的学习动机、示范并引导学生进行有

效的自我评价，提供个性化的反馈和指导，并促进师生之间的积极互动。通过这些努力，学生自我评价与教师评价将更好地共同发挥作用，推动教育的进步和学生的成长。

第四节　以学生为主体的高校评价体系构建

一、高校评价体系的特点与建设方向

（一）概述

高校评价体系作为衡量学校综合实力和质量的重要标准，对于推动高等教育的发展和提升办学水平具有重要意义。评价体系的建设需要具备科学性、全面性和可操作性，以确保其对高校的有效引导和监督。下文将从高校评价体系的特点和建设方向两个方面展开论述，旨在深入探讨高校评价体系在适应时代发展和满足社会需求方面的策略和路径。

（二）高校评价体系的特点

1. 多维度性

高校评价体系具有多维度性的特点，包括学科建设、师资队伍、科研水平、社会服务、学生培养等多个方面。这种多维度性有助于全面了解高校的办学状况，避免单一指标的片面性，更好地反映高校的整体实力。

2. 动态性

评价体系需要具备动态性，能够随时根据社会发展和高校自身变化进行调整和更新。高校的发展是一个不断变化的过程，评价体系应能够及时反映这些变化，以保持其有效性和针对性。

3. 参与性

高校评价体系应该具有参与性，即广泛吸纳相关利益方的意见和建议。这包括学校内部的管理层、教师团队、学生群体，以及社会各界的相关机构和专业人士。通过多方参与，评价体系更能真实地反映高校的实际情况。

4. 可比性

评价体系要具备可比性，即不同高校之间可以进行比较和排名。这有助于学生、家长和社会更好地了解高校的水平和特色，有利于高校间的竞争和合作，推动整个高等教育体系的提升。

（三）高校评价体系的建设方向

1. 强化质量导向

建设高校评价体系的首要目标是强化对教育质量的导向。评价体系应注重学校的教学水平、师资力量、科研实力等方面的质量，确保高校的办学目标与社会需求相匹配，为学生提供优质的教育服务。

2. 突出社会服务价值

评价体系要突出高校的社会服务价值，包括在产业合作、科技成果转化、社区服务等方面的贡献。高校应当通过评价体系展示其在社会发展中的积极作用，增强社会对高校的认同感。

3. 引入国际化元素

随着全球化的发展，高校评价体系需要引入国际化元素，包括国际学术合作、国际化人才培养、国际影响力等方面的指标。这有助于提高高校的国际竞争力，培养具有全球视野的优秀人才。

4. 强化创新创业能力评估

现代社会对高校培养创新创业人才的需求日益增长，评价体系应该强化对高校创新创业能力的评估。这包括创业教育的开展情况、科研创新成果转化、学生创业成功案例等方面的考量。

5. 提升人才培养质量

高校评价体系应该更加关注人才培养的质量，包括学生的综合素质、创新能力、实践能力等方面的培养成果。评价体系要能够客观反映学生的全面发展水平，促使高校更注重学科知识与实际能力的结合。

6. 强调可持续发展

评价体系应该强调高校的可持续发展，包括财务状况、资源利用效率、生态环保等方面的考量。高校要在评价体系的指导下实现经济、社会和环境的协同发展，推动高校的长期健康发展。

高校评价体系的特点和建设方向直接关系到高校的发展方向和办学效果。多维度、动态性、参与性和可比性是评价体系的基本特点，强化质量导向、突出社会服务价值、引入国际化元素、强化创新创业能力评估、提升人才培养质量及强调可持续发展是评价体系的主要建设方向。通过不断完善和优化评价体系，高校能够更好地适应时代发展的需求，更好地服务社会，培养出更具竞争力的人才。

在评价体系的建设过程中，高校需要注重与社会各界的沟通与合作。广泛吸纳各方意见，建立起多元参与的评价机制，确保评价体系更加全面客观。同时，要注重信息透明，及时公布评价结果，为社会提供了解高校情况的渠道，推动高校不断提升自身水平。

评价体系的建设也需要紧密结合国家发展战略，与国家相关政策相衔接，服务于国家的需求。在全球化的背景下，更加注重引入国际化元素，提升高校在国际舞台上的竞争力。此外，强调创新创业能力评估与可持续发展，能够更好地贴合当今社会对人才的需求，推动高校更好地履行社会责任。

在评价体系的操作中，需要综合运用定性和定量的方法，确保评价的科学性和客观性。同时，对于评价结果的运用要有针对性，及时调整和改进高校的发展策略。在评价的过程中，要避免一刀切的现象，充分考虑高校的实际情况，为其提供更具针对性的发展建议。

总的来说，高校评价体系的建设需要全社会的共同努力，需要高校与政府、企业及社会各界的深度合作。通过科学、全面且参与性强的评价体系，高校能够更好地适应社会发展的需求，不断提升办学水平，为培养更多更好的人才作出贡献。同时，高校自身也要在评价的引导下，不断总结经验，探索创新，实现可持续发展，为建设创新型国家和人才强国贡献力量。

二、学生参与评价的实际操作

（一）概述

学生是高校教育的直接受益者，也是高校教育质量的最终评判者之一。学生参与评价的实际操作不仅是高校民主管理的需要，更是体现教育主体地

位、促进教育质量提升的有效途径。下文将深入探讨学生参与评价的实际操作，包括评价方式、参与程序、评价内容等方面的具体举措。

（二）学生参与评价的方式

1. 问卷调查

问卷调查是学生参与评价的常见方式之一。通过设计科学合理的问卷，涵盖教学质量、师资水平、课程设置等方面的内容，收集学生的意见和建议。问卷调查具有简便、快捷、量化的优势，能够全面了解学生对于教育的感受和期望。

2. 小组座谈

小组座谈是一种深度交流的方式，通过组织学生小组座谈会，可以深入了解学生的真实想法。小组座谈可以由专业的调查员主持，也可以由学校内部的教师或学生代表负责，通过组织性的讨论，挖掘学生更深层次的感受和建议。

3. 个别面谈

个别面谈是一种更为私密、个性化的评价方式。通过邀请学生参与一对一的面谈，可以更深入地了解学生的学习情况、困惑和期望。个别面谈适用于关注个体差异、追踪学生发展的情境，能够提供更加个性化的反馈。

4. 课堂评价

课堂评价是将学生参与评价融入日常教学中的一种方式。教师可以通过设立反馈环节，邀请学生就课程内容、教学方法等方面提出意见。这种方式能够及时获取学生的反馈，有助于教学的实时调整和优化。

（三）学生参与评价的程序

1. 策划与设计

学生参与评价的程序首先需要进行策划与设计。确定评价的对象、范围、内容和方式，制定详细的实施方案，确保评价的全面性和科学性。

2. 公示与通知

在评价开始前，需要向学生公示评价的目的、流程和相关规定。通过校园宣传、电子平台等方式，向学生通告评价的事项，确保学生了解并参与评价的权利。

3. 实施与收集

在学生了解评价的基础上，进行评价的实施和信息的收集。根据选择的方式，进行问卷发放、小组座谈、个别面谈或课堂评价。确保评价的过程公正、透明，激发学生的积极参与。

4. 分析与总结

收集到学生的评价信息后，需要进行系统的分析与总结。通过数据分析和定性研究，提炼出学生的主要诉求和问题，为后续的改进提供科学依据。

5. 反馈与改进

将评价结果及时反馈给相关教师和管理者，形成改进措施。与学生共同讨论评价结果，探讨改进方案，建立起学校与学生之间的互动机制。确保学生的参与不仅是形式上的，更能够推动教育质量的实质性提升。

（四）学生参与评价的内容

1. 教学质量

学生对于教学质量的评价是最为关键的一项内容。包括教师的授课水平、教学方法的有效性、课程设置的合理性等方面。学生的直接感受和评价能够为提升教学质量提供有力支持。

2. 师资水平

学生对师资队伍的评价直接关系到教育质量，包括教师的专业背景、教学风格、对学生的关心等方面。通过学生的反馈，可以更好地了解教师在教学过程中的表现。

3. 课程设置

学生对课程设置的评价包括教学内容的丰富性和合理性，是否能够满足学生的学科需求、培养兴趣和拓展视野，是学生评价的重要方面之一。

4. 学习环境

学生学习的环境直接关系到他们的学业发展。学生对教室设施、图书馆资源、实验室条件等方面的评价，能够为学校提供改进学习环境的建议。

5. 课外活动

学校组织的课外活动对学生全面素质的培养同样至关重要。学生对于学

校组织的各类活动的评价，包括社团活动、文体赛事、实习机会等，能够反映学校是否能够提供丰富多彩的课外拓展机会。

6. 学生服务

学生服务是学校为学生提供的各类支持和帮助，包括宿舍管理、就业指导、心理咨询等。学生对于这些服务的评价，直接关系到学生的全面发展和个体关怀。

7. 学校管理

学生对学校管理的评价，包括行政效率、信息公开、学校政策的制定与执行等方面。通过学生的评价，学校可以及时了解管理层面存在的问题，并进行改进。

（五）学生参与评价的挑战与对策

1. 意见偏颇

由于学生个体差异较大，可能出现个别学生的意见偏颇，不能完全代表整体观点。为了解决这一问题，可以采用多元化的评价方式，结合定量和定性的方法，综合考虑学生的意见。

2. 参与度不高

部分学生可能对学校的管理和教学质量并不关注，导致学生参与度不高。在此情况下，学校可以通过提高评价的公开透明度，设立奖励机制，激发学生的参与热情。

3. 反馈效果不及时

如果没有对学生的评价进行及时地反馈和改进，可能会影响他们对评价的积极性。学校需要建立起一个高效的反馈机制，确保学生的意见得到及时的回应和处理。

4. 评价结果的应用不足

有时候学生参与评价后，评价结果并未得到充分应用，影响了学生对评价的积极性。学校需要明确评价结果的用途，并将其纳入到学校的决策和改进体系中。

学生参与评价是高校教育质量提升的有效途径，可以帮助学校更全面、科学地了解教学情况，推动学校不断改进。在实际操作中，学校需要设计科

学合理的评价方式，确保评价程序的公正和透明。同时，学校还需重视评价结果的反馈和应用，通过学生的参与，推动学校走向更好的发展。学生参与评价不仅是高校管理的一种需求，更是高校为了更好地服务学生，培养更具竞争力人才的体现。

三、教师对评价结果的响应与改进

教学评价是高校教育质量保障的重要环节，而教师对评价结果的响应与改进则是促使教学质量不断提升的关键一环。以下将深入探讨教师在面对评价结果时的应对策略，包括积极响应学生意见、改进教学方法、提升个人发展等方面的具体措施。

（一）积极响应学生意见

1. 建立反馈机制

教师可以通过建立课程反馈的机制，定期向学生征询对教学的意见和建议。可以采用匿名方式，让学生更加自由地表达观点，为教师提供更真实的反馈。

2. 接受多样化的观点

教师应当能够接受来自不同学生的多样化观点。不同学生有不同的学习风格和需求，教师需要倾听并尊重这些差异，以更好地满足学生的学习需求。

3. 主动沟通

教师在获取评价结果后，可以主动与学生进行沟通，深入了解他们的想法。通过面对面的交流，能够更好地理解学生的需求，并及时采取相应的改进措施。

（二）改进教学方法

1. 不断学习更新

教学是一个不断学习更新的过程，教师应当保持学习的态度，关注教育前沿理论和方法。通过参加培训、学术研讨会等方式，不断提升自己的教育水平，以更好地适应学生的需求。

2. 多元化教学手段

针对学生的多样性，教师可以尝试采用多元化的教学手段。包括利用多媒体教学、互动式教学、案例分析等方式，激发学生的兴趣，提高教学效果。

3. 教学反思

教师在每一次的教学结束后，都应当进行反思。通过回顾教学过程，分析学生的反馈和表现，找出问题所在，并设法改进。这种教学反思是提高教学水平的有效途径。

（三）提升个人发展

1. 参与教育研究

教师可以积极参与教育研究，关注教育理论和实践的最新发展。通过深入研究，教师可以更好地理解学科知识和教学方法，从而提升自己的教学水平。

2. 提交教学论文

将自己的教学经验和研究成果整理成教学论文，并提交到相关学术期刊，与同行分享。通过与他人的交流与讨论，教师可以得到更多的启发和建议，促进个人的专业成长。

3. 参与专业培训

教师可以主动参与学校或学科组织的专业培训活动。这些培训既可以是教育理论的学习，也可以是实际教学技能的提升。通过专业培训，教师能够更好地适应不断变化的教育环境。

（四）激励与奖励

1. 优秀教学奖励

学校可以设立优秀教学奖励机制，对在教学中表现出色的教师进行奖励。这既可以是物质奖励，也可以是荣誉奖励，激励教师不断努力提高教学水平。

2. 发展晋升机制

学校可以建立完善的教师晋升机制，将教学质量作为晋升的重要评价指标之一。通过晋升机制的设计，可以激励教师更加积极地投入到教学工作中。

（五）反馈机制的建立

1. 建立定期反馈机制

学校可以建立定期的反馈机制，将学生的评价结果及时传达给教师。这可以通过定期的教学评估、学期末的课程总结，以及个别学生的反馈会议等形式实现。及时的反馈可以使教师更加清晰地了解学生的需求和期望，有针对性地进行改进。

2. 针对性的培训

根据评价结果，学校可以为教师提供有针对性的培训计划，帮助他们提升特定方面的教学能力。培训内容可以包括教学方法的创新、课程设计的优化等，以满足不同学生的需求。

3. 制订个人发展计划

学校可以与教师一起制订个人发展计划，帮助他们设定明确的发展目标和改进方向。通过定期的跟踪和评估，确保教师在职业发展上不断取得进步，提高教学水平。

（六）共建共享的教学团队

1. 促进教师间的交流与合作

学校可以鼓励教师之间建立共建共享的教学团队。通过定期的教学研讨会、教学观摩活动等，教师可以分享自己的教学经验和心得，互相学习借鉴，形成良好的教学氛围。

2. 联合备课和课程设计

学校可以组织教师进行联合备课和课程设计，通过集体智慧和经验的共享，提高教学质量。共建共享的教学团队有助于教师更好地应对学生的多样性需求，提供更丰富的教育资源。

（七）建立教师发展档案

1. 教学成果的归档与总结

学校可以建立教师发展档案，记录教师的教学成果、学术研究和教学改

进等方面的信息。这不仅有助于教师自我总结，也为学校提供了更多的数据支持，为评价和发展提供依据。

2. 职业发展规划

学校可以与教师一起制定职业发展规划，明确个人在教学、科研和服务等方面的发展目标。通过规划，教师可以更清晰地认识自己的定位和发展方向，有助于更有针对性地改进教学。

教师对评价结果的积极响应与改进是提升高校教育质量的关键环节。通过建立积极的反馈机制、改进教学方法、提升个人发展、激励与奖励及建立教师发展档案等多方面的措施，可以更好地引导教师关注学生的需求，提高教学水平，实现教育质量的不断提升。这需要学校与教师共同努力，形成合力，为学生提供更优质的教育服务。

第五节　创新创业教育评价体系构建

一、教育部门对创新创业教育的评价体系

创新创业教育作为应对社会变革、促进人才培养的一项重要任务，受到了各国教育部门的高度关注。为了更好地推动创新创业教育的发展，教育部门需要建立科学合理的评价体系，对创新创业教育进行全面、多层次、多角度的评估。以下将探讨教育部门对创新创业教育的评价体系，包括评价的目的、评价的指标体系、评价的方法与工具等方面的内容。

（一）评价体系的目的

1. 促进教育质量提升

教育部门建立创新创业教育的评价体系的首要目的是促进教育质量的提升。通过对创新创业教育的评估，可以发现问题、总结经验，及时调整教学策略和方法，提高教育的实效性和适应性。

2. 适应社会需求

创新创业教育的目标是培养适应社会需求的创新型人才，因此评价体系

需要关注教育过程中是否真正培养了学生的创新能力、创业精神和实际应用能力，以满足社会对高素质人才的需求。

3. 保障政策决策的科学性

教育部门的评价体系需要为政府的决策提供科学依据。通过对创新创业教育的定期评估，政府可以了解教育发展的状况，有针对性地制订政策和计划，推动创新创业教育更好地服务国家发展。

（二）评价体系的指标体系

1. 教育目标达成度

评价体系需要考察创新创业教育的教育目标达成情况，包括学生创新能力、创业精神、团队协作等方面的培养情况。通过考核学生的实际能力水平，来评估教育质量。

2. 课程设置和教学资源

评价体系需要关注创新创业教育的课程设置和教学资源。包括课程的更新与改进、创业实践机会的提供、创新实验室的建设等方面，以确保学生接受到最新、最全面的创新创业教育。

3. 师资队伍水平

教育部门需要考核创新创业教育的师资队伍水平。这包括教师的专业素养、教学经验、创新能力等方面，以确保学生能够在专业、实践方面得到全面的指导和支持。

4. 学生满意度

学生满意度是评价体系中的重要一环。通过对学生满意度的调查，了解学生对创新创业教育的感受和评价，为教育质量的改进提供有力的参考依据。

5. 就业率和创业率

教育部门需要关注创新创业教育的实际效果，包括学生的就业率和创业率。通过就业与创业的数据统计，可以评估创新创业教育对学生职业发展的实际促进作用。

（三）评价体系的方法与工具

1. 定性与定量相结合

评价体系的建立需要兼顾定性与定量两个方面。定性的方法可以通过专

家评审、教学观察等方式，获取对创新创业教育的整体印象；而定量的方法则可以通过学生成绩、就业率统计等数据，提供更具体的量化指标。

2. 学生评价和专家评价相结合

学生是创新创业教育的直接受益者，因此需要引入学生的评价。同时，专家评价可以从更专业、更全面的视角对创新创业教育进行评估。学生评价可以通过问卷调查、访谈等方式获取，了解学生对课程设置、教学方法和实践机会的看法；专家评价可以由相关领域的专业人士组成评审团队，从专业角度评估创新创业教育的质量。

3. 教学成果展示和案例分析

评价体系可以引入教学成果展示和案例分析，通过学生的项目展示、创业计划书、创新成果等实际案例，来评估创新创业教育的实际效果。这种方式能够更具体地展示学生在实践中所取得的成就。

4. 跨学科评估

创新创业教育通常涉及多个学科领域，评价体系应该采用跨学科的评估方法，综合考察创新创业教育的情况。跨学科评估可以使评价更加全面，确保创新创业教育覆盖多个领域，培养出更具综合素养的创新型人才。

（四）评价体系的实施与改进

1. 定期评估与调整

评价体系的实施应当是一个定期的过程，不断对创新创业教育进行评估和调整。随着社会和经济的发展，创新创业领域的需求也在变化，因此评价体系需要及时根据实际情况进行调整，保持与时俱进。

2. 吸纳外部专业力量

为了提高评价的客观性和专业性，教育部门可以吸纳外部专业力量参与评价工作。可以邀请企业界、行业协会、科研机构等专业机构的代表，以及拥有丰富创新创业经验的专业人士参与评审，确保评价体系更加科学和权威。

3. 建立反馈机制

评价体系的建立需要建立起良好的反馈机制。评价结果应当及时反馈给相关教师、学生和管理人员，以便及时发现问题、改进教育方法和措施。建立双向的反馈机制有助于形成一个不断完善的创新创业教育体系。

4. 加强与企业合作

创新创业教育的最终目标是培养适应社会需求的人才，因此评价体系应当更加关注学生的实际应用能力。加强与企业的合作，将企业实际需求纳入评价体系，可以更好地评估创新创业教育对学生实际就业和创业的帮助。

教育部门对创新创业教育的评价体系是推动创新创业教育不断发展的关键。通过建立科学合理的评价体系，可以全面了解创新创业教育的实际效果，为政府决策提供科学依据，促进高校提升创新创业教育的质量。评价体系的建立需要考虑多方面的因素，包括教育目标的达成度、课程设置和教学资源、师资队伍水平、学生满意度等多个方面。同时，评价方法应当采用定性与定量相结合、学生评价和专家评价相结合、教学成果展示和案例分析等多种方式，以确保评价结果的全面性和科学性。通过定期评价和评价体系的不断调整，可以使创新创业教育更好地服务于学生和社会，推动人才培养模式的创新与发展。

二、高校创新创业教育内部评价体系的建设

随着社会经济的不断发展和变革，创新创业教育在高校的地位逐渐凸显。为了确保创新创业教育的有效实施和质量提升，高校需要建设完善的内部评价体系。内部评价是指高校自身对创新创业教育进行的自我审视和评估体系，其建设需要考虑到高校的特色、实际情况及人才培养目标。下文将探讨高校创新创业教育内部评价体系的建设，包括目标设定、指标体系、方法与工具、实施与改进等方面的内容。

（一）内部评价体系的目标设定

1. 适应高校发展战略

内部评价体系的首要目标是适应高校整体发展战略。高校创新创业教育应当与高校的发展定位和目标相一致，因此内部评价体系需要明确创新创业教育在高校整体发展战略中的地位，确保创新创业教育与高校发展相互促进。

2. 保障人才培养质量

创新创业教育的核心目标是培养具有创新精神和实际应用能力的高素

质人才。因此，内部评价体系的目标之一是保障人才培养的质量，确保学生在创新创业领域具备实际可操作的技能和知识。

3. 持续改进教育方法

内部评价体系需要促使高校不断改进创新创业教育的教学方法。通过评价体系的建设，高校可以及时发现教育中存在的问题，优化教学流程、提升教学效果，确保创新创业教育的实际效果与预期目标相符。

（二）内部评价体系的指标体系

1. 教学目标达成度

内部评价体系的核心是教学目标的达成度。高校需要明确创新创业教育的具体目标，包括学生创新能力、团队协作能力、创业精神等方面，通过量化的指标来评估这些目标的实际达成情况。

2. 课程设置和教材质量

评价体系需要关注创新创业教育的课程设置和教材质量。包括创新创业课程的设计是否贴近实际、是否具备实践性，教材是否及时更新、内容是否与行业需求相符等方面，以确保学生接受到最新、最实用的创新创业知识。

3. 师资队伍建设

评价体系需要考核创新创业教育的师资队伍建设。这包括教师的专业素养、实践经验、创新能力等方面，以确保学生能够在专业、实践方面得到全面的指导和支持。

4. 学生实践机会

创新创业教育强调实践能力的培养，因此评价体系需要关注学生实践机会的提供情况。评价指标可以涵盖学生参与创新创业项目的机会、实习与实训的安排、与企业合作的机会等，以确保学生能够在实际情境中应用所学知识，提升实践能力。

5. 创新成果与项目效益

内部评价体系需要考核创新创业教育的实际效益。这包括学生在创新创业领域取得的具体成果，如创业项目的落地情况、创新成果的产出等。通过这些指标，可以评估创新创业教育的实际社会影响力。

6. 学生满意度

学生满意度是一个重要的评价指标，反映了学生对创新创业教育的整体体验和感受。通过定期进行学生满意度调查，收集学生的反馈意见，高校可以了解学生对创新创业教育的认可程度，从而及时调整教学策略，提升教育质量。

（三）内部评价体系的方法与工具

1. 定量数据分析

内部评价体系需要借助定量数据进行分析，包括学生成绩、项目成果数量、实践机会提供率等。通过统计分析，可以客观地评估创新创业教育的实际效果，发现存在的问题并提出改进建议。

2. 学科评审

学科评审是评价体系中的一种常见方法，通过邀请相关领域的专业人士组成评审团队，对创新创业教育的课程设置、教学质量等进行评估。学科评审可以提供专业的、权威的意见，帮助高校发现和解决问题。

3. 学生反馈调查

定期进行学生反馈调查是评价体系中的重要环节。通过问卷调查、面谈等方式，了解学生对创新创业教育的看法和建议。学生反馈是评价体系中的重要参考，有助于发现教学中存在的问题，及时做出调整。

4. 师资自评与培训

师资队伍的自评与培训也是内部评价体系的一部分。教师可以对自己的专业水平、创新能力等进行自我评估，发现自身的不足之处并进行改进。同时，高校可以通过提供培训机会，帮助教师不断提升创新创业教育的教学水平。

（四）内部评价体系的实施与改进

1. 实施周期

内部评价体系的实施有一个定期的过程。高校可以设定评价的具体时间节点，例如，每学年结束后进行一次评价。这有助于及时了解创新创业教育的实际情况，发现问题并及时调整。

2. 结果反馈与改进机制

评价体系需要建立良好的结果反馈与改进机制。及时向相关教师、管理人

员反馈评价结果，有助于他们了解创新创业教育的实际效果。同时，建立一个改进机制，确保评价结果能够促使高校及时调整教学策略、优化教育资源配置。

3. 多元化评价方法

内部评价体系需要采用多元化的评价方法。单一的评价方法可能无法全面反映创新创业教育的实际情况，因此可以结合定量数据分析、学科评审、学生反馈调查等多种方法，确保评价结果更加全面、准确。

4. 持续改进

内部评价体系是一个动态的过程，需要不断改进。高校可以根据每一轮的评价结果，总结经验、发现问题，进一步完善评价体系，确保其能够适应高校创新创业教育发展的需求。

高校创新创业教育内部评价体系的建设对于提升教育质量和实现创新创业人才培养目标至关重要。通过明确评价体系的目标、建立科学的指标体系、采用多元化的评价方法及建立有效的实施与改进机制，高校可以更好地了解创新创业教育的实际效果，及时调整教学策略，不断提升教育质量。

总体而言，高校创新创业教育内部评价体系的建设应当以适应高校发展战略、保障人才培养质量及持续改进教育方法为目标。通过科学合理的评价体系，高校能够更好地实现创新创业教育的目标，培养更多具有创新创业能力的优秀人才，为社会和经济发展提供有力支持。同时，不断改进和完善评价体系，使其更贴近实际需求和高校特点，有助于推动创新创业教育不断迈向新的高度。

三、学生参与创新创业教育评价体系的建设

创新创业教育是高校培养学生创新精神和创业能力的重要环节。为了全面评估创新创业教育的有效性，学生参与评价体系的建设成为一项关键任务。下文将探讨学生参与创新创业教育评价的必要性、建设评价体系的原则与方法、学生参与的具体渠道与方式，并提出持续改进和优化的策略，以促进创新创业教育质量的全面提升。

（一）概述

创新创业教育旨在培养学生的创新思维、创业精神和实际操作能力，以

适应日益变化的社会需求。为了更全面、客观地评价创新创业教育的质量和效果，学生的参与不仅是一种趋势，更是一项必要的任务。学生是创新创业教育的直接受益者，他们的参与可以为教育体系的建设提供珍贵的经验和反馈。因此，建设学生参与的创新创业教育评价体系具有重要意义。

（二）学生参与创新创业教育评价的必要性

1. 促进评价全面性

学生参与创新创业教育评价，有助于构建更全面的评价体系。学生作为直接参与者，能够提供更为真实、直观的感受和见解，从而使评价更贴近实际情况，反映教育的全貌。

2. 体现教育目标实现程度

创新创业教育的目标是培养学生的创新创业能力，而学生参与评价可以从他们个人成长的角度，客观地反映教育目标是否得以实现。学生的参与是对教育效果的直接度量。

3. 提高教育质量

学生是创新创业教育的直接受益者，他们更容易发现教学中存在的问题，提出改进建议。通过学生的参与，能够及时发现并解决教育过程中的短板，从而不断提高教育的质量。

4. 增强学生参与感

学生参与评价可以增强他们对创新创业教育的参与感和归属感。通过参与评价，学生能够感受到自己在教育过程中的重要性，从而更积极地投入到创新创业学习中。

（三）建设学生参与的创新创业教育评价体系

1. 评价体系的原则

（1）全面性原则

评价体系应当全面考量创新创业教育的各个方面，包括课程设置、实践机会、创新成果等，以确保评价的全面性和公正性。

（2）可操作性原则

评价体系的设计应当具有可操作性，学生能够理解和参与其中。评价指标要具体清晰，评价方法要简单易行，以确保学生的参与度和积极性。

（3）持续改进原则

评价体系需要具备持续改进的机制，及时听取学生的反馈意见，并根据评价结果进行教学策略和体系的调整，确保教育质量的不断提升。

2．评价体系的方法

（1）学生满意度调查

学生满意度调查是评价体系中的一项重要方法。通过问卷调查等方式，了解学生对创新创业教育的满意度、意见和建议，为教育改进提供有力支持。

（2）参与度评估

评价学生在创新创业活动中的参与度，包括实践项目参与、课堂互动等。通过统计学生的参与频次和深度，了解他们在实际活动中的投入程度。

（3）创新成果评价

创新成果评价是评估学生在创新创业过程中所取得的成果，可以包括创业项目的落地情况、创新作品的质量等。这直接反映了创新创业教育的实际效果。

（4）反馈座谈会

定期组织学生座谈会，听取学生的意见和建议。通过开放性的座谈形式，能够更深入地了解学生对创新创业教育的期望和需求，为制定改进方案提供参考。

（四）学生参与的具体渠道与方式

1．课程评价

在每学期结束后，开展课程评价，让学生对创新创业课程的内容、教学方法、教师表现等进行评价。可以通过匿名问卷调查或在线平台的方式收集学生的意见和建议，以获取他们的真实反馈。

2．创业实践项目评估

创业实践是创新创业教育的重要组成部分，学生参与创业实践项目后，可以进行项目评估。评价项目的执行过程、团队合作情况、项目成果等，从而了解学生在实际创业环境中的表现。

3．创新作品展示与竞赛

学生通过参与创新作品展示和竞赛，可以展示他们在创新创业领域的成

果和能力。评价作品的创意性、实用性和团队协作情况，为学生提供展示自己的机会。

4. 参与决策与管理

为了增强学生的参与感和责任感，可以邀请学生参与创新创业教育的决策和管理。例如，设立学生创新创业委员会，让学生参与教育项目的策划和组织，促使他们更深入地了解创新创业教育的发展方向。

5. 反馈和建议意见箱

设立反馈和建议意见箱，供学生随时投递意见和建议。这种方式能够保障学生在匿名的情况下提供真实的反馈，鼓励他们分享对创新创业教育的看法，并提供改进建议。

（五）持续改进与优化策略

1. 定期反馈与调整

定期收集学生的反馈意见，并及时进行评估与调整。通过分析每学期的评价结果，发现问题、总结经验，以确保创新创业教育体系能够不断适应学生需求和社会变化。

2. 提供培训与指导

为学生提供参与评价的培训和指导，帮助其更好地理解评价体系的目的和方法。提高学生对创新创业教育评价的专业性和有效性。

3. 建立学生代表团队

建立学生代表团队，邀请学生代表参与教育评价和决策。这样的团队能够更好地代表学生群体，为学校提供更有针对性的建议，推动创新创业教育的不断发展。

4. 建立创新奖励机制

建立创新创业教育的奖励机制，激励学生参与评价并提供建设性意见。通过设立奖项，如最佳建议奖、优秀参与奖等，鼓励学生积极参与评价过程。

学生作为创新创业教育的主体和受益者，其参与评价体系的建设不仅是一种趋势，更是教育质量提升的关键环节。通过全面考量学生的意见和建议，建设科学合理的评价体系，可以更好地了解创新创业教育的实际效果，为教育体系的不断优化提供有力支持。同时，建议高校在实践中灵活运用不同的参与方式，结合学生的特点和需求，共同推动创新创业教育的深入发展。

参考文献

[1] 李春江. 新工科背景下大学生创新创业教育及其融合递进支持体系的探索与实践［M］. 北京：中国纺织出版社有限公司，2021.

[2] 曾宪立. 大学生创新创业教育体系的构建［M］. 哈尔滨：哈尔滨出版社，2023.

[3] 谢均. 大学生创新创业教育体系的构建研究［M］. 长春：吉林出版集团股份有限公司，2019.

[4] 李鸿嘉，魏轶男. 大学生创新创业教育体系的构建及其发展研究［M］. 上海：上海交通大学出版社，2017.

[5] 卞志刚. 大学生创新创业教育与培养体系构建研究［M］. 北京：中国商务出版社，2020.

[6] 方娜. 高校大学生创新创业教育培养体系构建研究［M］. 哈尔滨：东北林业大学出版社，2018.

[7] 李子毅，刘佩. 大学生创新创业指导［M］. 北京：北京理工大学出版社，2019.

[8] 蒋德勤. 大学生创新创业基础［M］. 北京：中国商业出版社，2020.

[9] 傅时波. 大学生创新创业基础［M］. 北京：中国原子能出版社，2020.

[10] 白云莉. 大学生创新创业教育新模式研究［M］. 天津：天津科学技术出版社，2020.

[11] 李明慧. 大学生创新创业理论与技能指导［M］. 成都：四川大学出版社，2020.

[12] 李晓峰，徐海鑫. 大学生创业教育体系的构建与实践［M］. 北京：经济日报出版社，2019.

[13] 张莉. 大学生创新创业训练［M］. 上海：上海交通大学出版社，2018.

[14] 连银岭. 大学生创新创业教育［M］. 北京：北京理工大学出版社，2018.

［15］ 王青迪. 大学生创新创业教育与就业指导［M］. 上海：上海三联书店，2020.

［16］ 韩光. 基于"互联网＋"视阈的大学生创新创业教育研究［M］. 北京：北京工业大学出版社，2023.

［17］ 葛茂奎. 大学生创新创业教育与探索［M］. 长春：吉林出版集团股份有限公司，2018.

［18］ 陈审声. 基于"互联网＋"视角下的大学生创新创业教育［M］. 北京：冶金工业出版社，2019.

［19］ 党建民. 大学生创业教育基础［M］. 徐州：中国矿业大学出版社，2020.